청소년들의 진로와 직업 탐색을 위한
잡프러포즈 시리즈 68

전 세계에서 환영받는 전문 직업
간호사

전 세계에서 환영받는
전문 직업

간호사

이지영 지음

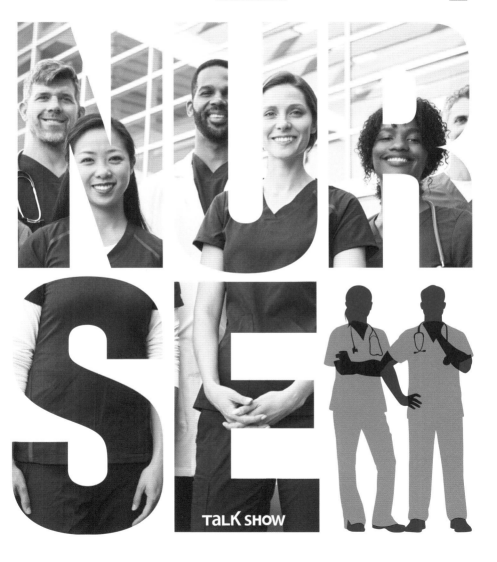

TALK SHOW

세상에서 가장 중요한 때는
지금 이 순간이고

가장 중요한 사람은
지금 함께 있는 사람이고

가장 중요한 일은
내 곁에 있는 사람을 위해
좋은 일을 하는 것이다

- 톨스토이 세 가지 질문 中-

Hospital
Information

내 잠재의식 속에 심은
Whatever we plant in our subconscious mind

반복적이고 감정적인 모든 것은
and nourish with repetition and emotion

반드시 현실이 된다.
will one day become a reality.

- 얼 나이팅게일 Earl Nightingale -

C·O·N·T·E·N·T·S

C·O·N·T·E·N·T·S

간호사 이지영의
프러포즈

평생 하나의 직업을 가지고 살 수 있을까? 이 직업을 가지면 경
제적 안정을 이룰 수 있을까? AI와 로봇이 사람을 대체하고 있
는데 내가 선택한 직업은 과연 지속 가능할까? 와 같은 고민들
이요. 저도 아직 답을 찾아가는 중이지만 "간호사"라는 세계를
소개함으로서 여러분이 이러한 고민을 하는데 있어서 도움이
될 거라고 생각해요.

사랑하는 청소년 친구들에게,

안녕하세요! 저는 현재 NewYork-Presbyterian Weill Cornell 병원에서 간호사로 일하고 있는 이지영이라고 합니다. 이렇게 좋은 기회로 여러분들에게 인사드리게 돼서 정말 기쁘고 영광이라고 생각합니다. 이 잡 프러포즈 책을 통해 무한한 가능성과 기회를 가진 여러분께 간호사의 세계를 소개하려고 합니다.

청소년은 미래의 꿈과 목표를 가지고 성장하는 아주 중요한 시기인데, 여러분은 무슨 꿈을 가지고 계신가요? 아마 자신이 뭘 원하는지 잘 모를 수 있어요. 저도 그랬고요. 다양한 직업에 대한 구체적인 정보들이 부족하고, 아무래도 살아온 날보다 살아갈 날이 많기 때문에 당장 꿈을 결정하기에는 경험도 부족할 수밖에 없죠.

그래서 지금 당장 단순히 직업을 선택하는 것이 아니라 자기 적성과 흥미를 발견하는 데 집중했으면 좋겠어요. 그러기 위해서는 학원이나 학교에서 공부하는 것뿐만 아니라 다양한 경험이 필요한데 이렇게 책을 보거나, 유튜브나 넷플릭스, 각종 다큐멘터리를 통해 간접적으로 정보를 얻을 수도 있고, 관련 분야의 봉사나 동아리 활동을 하면서 직접 부딪혀 볼 수도 있겠죠? 공부도 매우 중요하지만, 이런 실질적인 경험과 참여를 통해 여러분이 자신의 능력과 가치를 발견하고 본인을 성장시킬 수 있을 거예요. 또 이를 통해 목표가 생기면 지금 하는 공부에 중요한 원동력이 되겠죠.

진로 탐색의 어려움뿐만 아니라 요즘 청소년들과 MZ 세대가 직면한 어려움은 급변하고 예측불허한, 다양해지는 현대사회 속에도 있다고 생각해요. 평생 하나의 직업을 가지고 살 수 있을까? 이 직업을 가지면 경제적 안정을 이룰 수 있을까? AI와 로봇이 사람을 대체하고 있는데 내가 선택한 직업은 과연 지속 가능할까? 와 같은 고민이요. 저도 아직 답을 찾아가는 중이지만 "간호사"라는 세계를 소개함으로써 여러분이 이러한 고민을 하는 데 있어서 도움이 될 거로 생각해요.

여러분은 간호사를 떠올렸을 때 어떤 모습이 연상되시나요? 흔히 주사만 놓는 사람이라던가, 의사를 보조하는 사람이라고만 생각하는 경우가 있어요. 이건 여러분이 현장에서 직접 일하는 간호사를 만날 기회가 없고, 그 역할들을 정확히 이해하지 못했기 때문이죠. 주로 TV나 영화에서 나오는 이미지는 간호사의 역할을 굉장히 축소해서 보여주는 경향이 크기도 하고요. 하지만 실제로 미국 여론조사기관 갤럽에 따르면 간호사가 1999년 조사 대상에 포함된 이후 2001년 한 해를 제외하고는 매년 가장 신뢰받는 직업 1위로 꼽히고 있으며 환자의 안녕과 안전을 책임지고 돌보는 전문직이라고 할 수 있습니다.

이제 여러분을 간호사의 세계로 초대해 볼게요.

첫인사

편 – 토크쇼 편집자

이 – 간호사 이지영

일단 이유를 불문하고 사람을 돌보고 생명을 살리는 가치 있는 직업이라는 걸 누구도 부정하지 못할 거예요. 자본주의 사회에서 이러한 가치들이 많이 퇴색되어 가고 있지만 그럼에도 불구하고 인간의 생명이 고귀하고 소중하다는 가치는 불변하자나요. 그 연속선상에 간호사는 환자를 살리는 정말 중요한 역할을 하고 있고요. 살면서 직업으로서 이러한 가치를 실천해 나간다는 것은 행운이라고 생각해요.

편　이지영 간호사님 안녕하세요? 아산병원 응급실을 거쳐 미국 대형병원 투석 간호사로 근무하는 선생님을 뵙게 되어 기쁩니다. 간호사라는 직업의 세계를 한국과 미국 모두 접할 수 있어서 신기하기도 하고, 청소년들에게도 많은 도움이 될 것 같아요.

이　안녕하세요, 편집자님. 이렇게 좋은 기회로 뵙게 되어서 영광입니다. 저는 2015년도에 간호대학을 졸업하고 서울아산병원 응급실에서 첫 간호사 생활을 시작했어요. 그리고 여러 번의 이직을 통해 현재는 뉴욕에서 혈장교환술 및 혈액투석을 하는 부서에서 간호사로 일하고 있답니다. 사실 경력도 많고 더 훌륭하신 간호사 선생님들도 많은데 제가 이런 인터뷰를 수락해도 될지 많이 고민했어요. 아직도 신규 같은 마음이고(실제로도 지금 부서에서는 막내랍니다.), 계속 배우고 있는 단계라 청소년분들에게 어떤 도움이 될 수 있을까 고민을 많이 했는데, 저도 여러분처럼 지금도 계속 꿈을 찾는 중이라 생생한 경험담을 공유할 수 있을 것 같아요.

편　사실 간호사라는 직업은 아픈 사람들을 상대하는 힘든 일이라는 고정관념이 있는 것도 사실이에요. 위계질서도 엄격하고, 대형병원의 경우 3교대 근무로 힘들다고 들었어요. 그런데도 간호사 직업을 학생들에게 프러포즈하는 이유가 있나요?

01 일단 이유를 불문하고 사람을 돌보고 생명을 살리는 가치 있는 직업이라는 걸 누구도 부정하지 못할 거예요. 자본주의 사회에서 이러한 가치들이 많이 퇴색되어 가고 있지만 그런데도 인간의 생명이 고귀하고 소중하다는 가치는 불변하잖아요. 그 연속선상에 간호사는 환자를 살리는 정말 중요한 역할을 하고 있고요. 살면서 직업으로서 이러한 가치를 실천해 나간다는 것은 행운이라고 생각해요.

하지만 이런 이상적인 가치만으로 직업을 추천하는 건 아니에요. 우리는 현실을 살아 나가야 하니까요. 앞에 제가 한 말은 정말 원론적인 이야기이죠. 편집장님 말씀처럼 한국 간호계는 아직 여러 가지 숙제들이 남아 있어요. 한때 뉴스에 떠들썩하게 했던 태움 문화로 인한 자살 사건들도 있었고, OECD 38개국 중 33개국이 가지고 있는 간호법을 우리나라는 아직도 제정하지 못하고 있죠. 이러한 이유와 함께 우리나라 간호사 연평균 증가율이 경제협력개발기구(OECD) 평균보다 4배 이상 높지만, 과도한 업무로 매년 1만 명의 간호사가 병원을 떠나가고 있어요.

자 그러면 이제 임상(병원 및 의료기관)을 떠나간 간호사는 무엇을 하고 있을까요? 지금부터가 제가 진짜 여러분께 이 직업을 추천하는 이유입니다. 간호사 면허와 임상경험이 있다면 여러분이 뻗어 나갈 수 있는 길은 정말 다양하거든요. 간호사의 세계는 넓고 할 일은 더없이 많습니다. 편집장님이 주신 질문지에 이 내용에 포함되어 있으니까, 제가 보고 들은 것, 그리고 조사해 온 것을 바탕으로 더 자세하게 답변해 보도록 할게요.

편　저는 아이들이 어려서 응급실에 가거나 입원 치료를 받은 경험이 많아요. 병원에서 의사 선생님은 잠깐 보지만, 항상 간호사 선생님들이 왔다 갔다 하며 "괜찮은가요?"라고 질문해 주시고, 주사 등의 처치를 해 주시는 게 너무 든든했어요. 의료와 돌봄의 행위를 동시에 하는 간호사 직업이 어렵고 힘들진 않으셨나요?

이　신규 간호사일 때는 아픈 사람을 돌본다는 게 정말 큰 부담으로 다가왔어요. 아시다시피 병원에는 행복한 일로 오기보다는 아프고 지치고, 왜 이런 일이 우리 가족에게 또는 나에게 일어났을까? 라는 절망적인 상황에서 오게 되잖아요. 섣부른 위로조차 조심스럽죠. 제가 할 수 있는 일은 그 순간 그 환자분과 가족에게 최선을 다하는 것이고, 결국 그 진심이 전해진다고 생각해요. 또 어렵고 힘들어도, 환자분들이 회복되어서 퇴원하실 때 또는 급성기에서 안정기로 넘어갈 때, 진심으로 고맙다고 말해주시기도 하고, 기뻐하고 안도하는 모습을 바라볼 때 보람을 많이 느끼죠. 계속 일을 할 수 있게 하는 원동력이 되는 것 같아요.

편 요즘은 자기중심주의가 강하고, 타인을 위한 헌신이나 돌봄 등의 가치가 평가절하되는 사회적 분위기가 있다고 생각해요. 그러면서도 고령화 사회로 진입하면서 어떻게 하면 행복하게 늙고, 행복하게 죽음을 맞이할 수 있을까라는 사회적 질문이 모두에게 던져지고 있죠. 참 이중적인 것 같아요. 이런 현상에 대해서 선생님은 어떻게 생각하세요?

이 대학 시절 호스피스에서 꽤 오래 봉사를 했었어요. 호스피스는 임종 환자와 그 가족의 고통을 최소화하기 위해 특별하게 고안된 치료 개념이자 프로그램입니다. 여기서 교육을 받을 때, 아직도 기억에 남는 게 well being과 well dying의 개념이 같다는 것입니다. 잘 사는 것이 결국 잘 죽는 것이다. 우리는 당장 내일 신호등을 건너다가 교통사고가 날 수도 있고, 아무 증상이 없이 건강히 살다가 말기 암을 진단받는 경우도 있어요. 사고는 예고 없이 찾아와요. 하지만 죽는다는 건 시기의 차이가 있을 뿐이지 누구에게나 일어나는 평범한 일이죠. 이런 죽음 앞에서 우린 돈을 더 못 가져서 아쉬울까요? 아끼던 명품 가방과 시계를 가져가지 못해서 아쉬울까요? 적어도 제가 본 환자분들께서 계속 말씀하시던 것은 가족, 사랑, 행복과 같은 가치들이었습니다. 죽는 순간에도 우리 마음에 품고 갈 수 있는 것들이요.

여러분은 내일 당장 사고로 죽는다면 무엇을 하고 싶으신가요? 저라면 제게 주어진 일을 그저 열심히 하고, 사랑하는 가족들과 친구들을 한 번 더 안아주고, 사랑한다고 직접 말해볼 것 같아요. 이게 well dying하고 well being 하는 평범하고도 행복한 삶이라고 말하고 싶어요.

그렇다고 당장 내 월급, 부동산, 주식과 같은 것들이 중요하지 않다는 게 아니에요. 하루하루 최선을 다하면서 이뤄내는 것들이니까요. 다만 이러한 자본주의적인 것들의 최종 목표가 무엇일까 고민하고, 주어진 하루하루를 최선을 다해 행복하게 살았으면 좋겠어요. 당장 가족의 건강과 10억 원 중에 하나만 선택해야 한다면 후자를 선택할 사람은 아무도 없을 테니까요.

편 저는 지금까지 많은 직업인을 인터뷰했는데요. 항상 깊이 있게 질문드리는 게 있습니다. 선생님은 진정한 직업인이란 어떤 사람이라고 생각하세요?

이 너무나 어려운 질문이네요. 저도 아직 제가 진정한 직업인이라고 하기에는 조금 부족하다고 생각해요. 제가 생각하는 진정한 직업인이란 그 일을 사랑하고 책임감을 가지며, 단순히 돈을 벌기 위한 수단으로 보지 않고 자신의 역할을 넓은 의미로 사회적 봉사의 하나로 생각하는 사람입니다. 또한 끊임없이 전문성과 지식을 갖추기 위해 노력하고 자기 계발을 해야 하며, 도덕적이고 윤리적이어야 된다고 생각해요.

어떤 날은 응급 투석을 해야 하는데 인력이 없어서 18시간 넘게 일한 적이 있어요. 솔직히 퇴근하고 싶지만 실제로는 퇴근할 수 없죠. 환자에 대한 책임감과 지금 당장 투석하지 않으면 생길 수 있는 여러 가지 합병증과 부작용을 알고 있기 때문이죠. 조금 부끄럽지만, 이런 것들이 진정한 직업인으로 나아가는 모습 중 하나이지 않을까 싶어요.

편 제일선의 의료 현장에서 전문 의료 행위와 생명에 대한 돌봄을 실현하는 직업 간호사의 세계로 들어가 보겠습니다. 특히 이지영 선생님은 한국과 미국 간호사 생활을 하신 특별한 경험을 하셨어요. 글로벌한 간호사 직업의 세계를 만나보시죠.

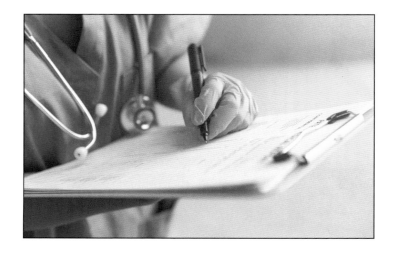

간호의
세계

"간호는 과학이자 예술이다"

의료서비스는 어떻게 구성되나요?

편 의료서비스는 어떻게 구성되나요?

이 한국 의료 산업은 세계적으로 보기 드물게 민간의료기관이 다수를 차지하는 특징을 가지고 있어요. 미국, 일본 등 일부 국가를 제외한 대부분의 나라에서는 공공병원이 다수를 차지하고 있는데, 이는 2차 세계대전 이후 선진국에서 복지국가 체제의 발전에 따라 국가가 의료 산업의 주요 부분을 떠맡았기 때문이죠. 반면 한국은 10%가 공공병원이고 90%가 민간병원이에요.

의료 전달 이용 체계: 건강보험의 급여 단계는 1단계와 2단계로 구분되며 의원과 같은 1단계 의료기관에서는 가벼운 질환을, 상급종합병원과 같은 기관에서는 1단계 의료기관에서 진료하기 어려운 질환이나 복합적인 중증질환을 진료합니다. 이러한 의료 전달 체계는 의료기관 종별 특성에 맞게 의료자원을 효율적으로 활용하고, 환자의 대형병원 편중 현상을 방지하여 국민의 의료 이용 편의를 도모하기 위한 것인데, 현실에서는 잘 지켜지지 않아요.

① 한국 보건복지부

국가의 보건 및 의료정책을 담당하며, 보건복지 정책과 의료기관 운영에 관련된 역할을 수행합니다. 이 부처는 예방접종, 감염병 관리, 의료시설 인허가, 의료법규 제정 등을 담당합니다.

② 의료기관

한국에는 공공 및 사립 병원, 의원, 한의원 등 다양한 유형의 의료기관이 있습니다. 병원은 크게 종합병원, 교육병원, 지역병원 등으로 나뉘며, 각각 다른 수준의 의료서비스를 제공합니다.

③ 의료인력

의사, 간호사, 약사 등 의료 전문 인력은 한국의 의료서비스를 운영하는 핵심 역할을 합니다. 의사 양성을 위해 의과대학에서 교육이 이루어지며, 간호사와 약사 등 다른 의료 전문 직군도 각각의 교육과정을 통해 양성됩니다.

④ 의료보험

한국의 주요 의료보험은 국민건강보험(NHI)입니다. 국민건강보험은 모든 국민이 의료서비스를 받을 때 일부 비용을 부담하고,

그 외에도 정부의 재정지원을 받아 의료비를 지원받을 수 있는 제도입니다. 또한, 의료급여제도도 존재하여 경제적으로 어려운 사람들에게 의료비 지원을 제공합니다.

⑤ 의약품

한국의 의약품 시장은 규모가 크며, 의약품은 의사 처방을 통해 환자에게 제공됩니다. 의사는 필요에 따라 환자에게 적합한 의약품을 처방하며, 약국에서 구매할 수 있습니다.

⑥ 의료기술과 연구

한국은 의료기술과 연구 분야에서도 선진성을 갖추고 있습니다. 의료 영상, 의료기기, 바이오 의약품 등의 분야에서 연구 및 개발이 활발하게 이루어지고 있습니다.

의료기관은 어떻게 구분하나요?

편 의료기관은 어떻게 구분하나요?

이 아래와 같이 분류합니다.

① **의원급**(의원, 치과의원, 한의원): 의사, 치과의사 또는 한의사가 주로 외래환자를 대상으로 각각 그 의료 행위를 하는 의료기관

② **병원급**(병원, 치과병원, 한방병원, 요양병원): 의사, 치과의사 또는 한의사가 주로 입원환자를 대상으로 의료 행위를 하는 의료기관. 30개 이상의 병상(병원. 한방병원만 해당) 또는 요양 병상(요양병원만 해당. 장기 입원이 필요한 환자를 대상으로 의료 행위를 하기 위하여 설치한 병상)을 갖추어야 한다.

③ **종합병원**: 100개 이상의 병상을 갖추어야 한다. 병상 규모에 따라 필수 진료과목을 갖추고 진료과목마다 전속하는 전문의를 두어야 한다.

④ **상급종합병원**: 종합병원 중에서 중증질환에 대하여 난도가 높은 의료 행위를 전문적으로 하는 의료기관

⑤ **조산원**: 조산사가 조산과 임부, 해산부, 산욕부 및 신생아를 대상으로 보건 활동과 교육, 상담하는 의료기관

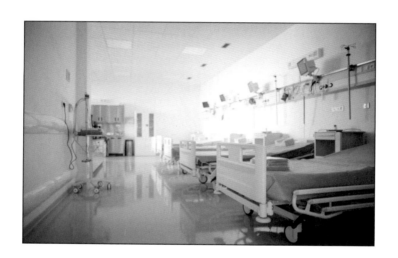

간호란 무엇인가요?

편 간호란 무엇인가요?

이 『간호학 개론』(현문사) 책 내용을 토대로 설명 드리겠습니다.

「간호는 모든 개인, 가정, 지역사회를 대상으로 하며 건강의 회복, 질병의 예방, 건강의 유지와 증진에 필요한 지식, 기력, 의지와 자원을 갖추도록 직접 도와주는 활동입니다. 간호의 어원은 '양육하다'라는 뜻의 라틴어 'Nutrix'와 '영양을 주다, 키우다, 자라게 한다'라는 뜻의 그리스어 'Nutre'에서 유래했어요. 우리말로 간호는 '보다, 지켜보다'라는 뜻의 한자어 '간'과 '보호하다, 지키다, 돕다'라는 뜻의 한자어 '호'입니다. 간호는 어원에서 살펴보듯이 인류 역사와 더불어 모성적 본능에서 자연발생으로 시작되었으며, 인간의 생명 유지와 생존 욕구를 충족시키는 돌봄과 보살핌의 특성을 바탕으로 하고 있어요.

"간호는 과학이자 예술이다"

과학적 측면(과학적 기반): 간호는 최신의 과학적 지식과 원리를 바탕으로 이루어지는 활동이에요. 간호사들은 의료 과학, 생물학, 생리학, 약학 등 다양한 과학 분야의 지식을 기반으로 환자의 상태를 평가하고 진단하는 데 참여하며, 의학적 지식과 증거에 기반하여 환자의 건강 상태를 이해하고 모니터링하며, 적절한 치료와 간호 계획을 수립해요.

예술적 측면(의료 예술): 간호는 순수한 과학적 지식만으로는 충분하지 않아요. 간호사는 환자와의 상호작용에서 인간적인 측면과 감성을 발휘해야 하죠. 전문적 지식과 기술, 경험과 직관 능력을 바탕으로 간호 대상자(환자)마다 개별화되고 고유한 환자 간호를 수행해야 하며, 신체적으로 편안함과 함께 정서적인 지지와 치유적인 환경을 제공하는 것이 중요해요. 환자들은 때로 고통, 불안, 불편함을 느끼는데, 간호사는 이러한 감정을 이해하고 공감하여 환자들에게 위로와 지지를 제공하죠. 이는 마치 예술가가 작품을 창작할 때 감정과 상상력을 발휘하는 것과 유사해요.

간호사들은 이 두 가지 측면을 조화롭게 결합하여 환자의 건강과 복지를 촉진하는 역할을 해요. 과학적 지식을 기반으로 하는 동시에, 예술적인 접근을 통해 환자의 신체적, 정서적, 사회적 요구를 만족시키는 것이 간호의 핵심 가치 중 하나입니다.」

(『간호학 개론』 제3판, 현문사)

간호 서비스의 역할을 알려주세요.

편 간호 서비스가 병원과 우리 생활에서 하는 역할을 알려주세요.

이 병원에서 간호사의 역할은 매우 다양합니다. 의료 현장에서 의료팀과 협력하여 환자의 치료와 관리에 직접 참여하며, 환자의 안전과 간호의 질을 높이기 위해 다양한 연구, 교육 및 개발에 참여합니다. 또한 환자의 상태를 평가하고 의료기록하여, 의료진 간의 원활한 의사소통을 지원하며 의사 처방에 따라 의약품을 관리하고 투약하고 효과와 부작용을 모니터링합니다. 그 외에도 환자의 안전(낙상, 욕창)을 최우선 순위에 두며, 감염 관리 및 예방을 위해 적절한 격리(비말 주의, 접촉 주의, 공기 주의)와 절차를 수행합니다. 그뿐만 아니

과학적인 간호 연구를
통하여 지식이나
기술을 탐구 및 개발하는
연구자

다른 의료 보건
전문가들과 끊임없이
협력하고 소통하는
협력자

간호 과정에 근거한
직접 간호를 제공하는
간호 제공자

건강증진과 질병 예방에 대한
정보를 제공하고 교육하는
교육자

환자의 권리를
보호하고 목소리를
대변하는
옹호자

보건 의료 시스템
이나 환경을 관리하고
조정하는
관리자

라 종합적인 환자 교육을 제공하여 환자와 가족에게 질병에 대한 정보, 관리 방법, 예방법에 대한 교육을 제공하여 환자의 건강관리 능력을 향상하기 위해 노력합니다.

현재 한국은 간호법이 없기 때문에 미국 간호법을 살펴보면 간호사의 업무를 조금 더 구체적으로 이해하는 데 도움이 될 것 같아서 첨부합니다. 실제 한국에서 간호사가 하는 역할과 거의 동일하다고 볼 수 있어요.

간호사의 실무 범위 〈미국 일리노이주 간호법〉

등록된 전문직 간호사(Registered Professional Nurse, RN)의 실무는 감독기관의 간호 표준 준수를 통해 아래 열거된 활동들과 적절히 훈련받은 간호사의 기술 수준을이 있어야 하는 기타 활동들을 포함하며, 모든 환자와 모든 분야를 포함한 간호의 전 범위를 의미한다.

a) 환자의 건강 수준, 상태 변화 등에 대한 포괄적인 간호 사정

b) 환자 중심의 치료 계획 내에서 통합된 간호 계획을 수립하고, 간호 진단을 내리고, 건강 요구를 충족시키기 위한 목표를 설정하고, 간호 중재를 결정하고, 간호 전략과 권위 있는 보건 의료전문직들로부터 처방되거나 지시된 처치를 실행함

c) 직접 투약 수행 또는 간호 보조자에게 투약 위임

d) 간호 계획 수행을 위한 간호 중재의 위임

e) 직접 간호 또는 위임을 통한 안전 유지와 효과적인 간호 제공

f) 환자의 옹호

g) 간호 계획의 효과 및 중재의 반응 평가

h) 다른 보건 의료전문직과의 협력과 의사소통

i) 새로운 지식과 기술의 도입 및 적용

j) 건강교육 및 상담의 제공

k) 환자 안전 지원 시스템, 정책, 절차 등의 개발에 참여

출처: 미국 일리노이주 간호법 (PART 1300 NURSE PRACTICE ACT).

간호의 역사가 궁금합니다.

간호의 역사가 궁금합니다.

간호는 인류의 역사가 시작되기 전부터 시작되었고, 현대 인류로의 분화가 채 되기 전에 호모 사피엔스로서의 인간은 동물이 서로 돌보는 것을 관찰하며 사람이 어떻게 간호할지를 배웠다고 합니다. 고대 사람들은 동물들이 서로 어떻게 의지하며 생활하는지를 관찰하고, 이를 자신들의 삶에 적용했습니다. 이 시기에도 어머니들의 경험을 통한 모성애적 간호와 가족을 위한 간호가 존재했을 것으로 짐작되지만, 주된 간호는 자기 자신을 지키는 본능적인 자기 간호였을 것으로 추측됩니다. 시간이 지나 사회가 구성되면서 노인, 어린이, 부상자, 허약자 등에 대한 간호의 필요성이 증가하며 자신의 아이들을 돌보며 간호의 대상이 개인에서 가족으로 확대되었고, 기독교 정신에 기반한 간호가 제공되면서 오늘날의 직업적 간호로 발전했다고 볼 수 있습니다. 19세기 중반에는 영국의 간호사인 플로렌스 나이팅게일이 크림 전쟁 중에 현대 간호의 선구자로 나섰습니다. 그녀는 깨끗한 환경과 환자 돌봄의 중요성을 강조하며 간호를 체계적이고 과학적으로 정립했습니다. 나이팅게일의 업적으로 인해 간호는 전문성과 과학적인 기반을 갖추어 현대 간호의 기초를 다지게 되었습니다. 이는 전 세계적으로 퍼져나가며 간호 교육과 간호사의 역할에 대한 기준을 제시하였습니다. 이러한 나이팅게일의 이론과 원칙을 기반으로 현대에는 간호가 의료 현장에서 필수적인 부분으로 자리매김하고 있으며, 전문 간호사들은 다양한 분야에서 활동하며 환자의 건강과 복지를 도모하고 있습니다. (『간호학 개론』 제3판, 현문사)

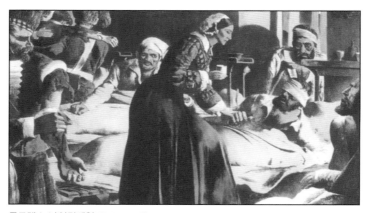

플로렌스 나이팅게일 (출처: https://myamericannurse.comflorence-nightingale-inspiration)

우리나라 간호 서비스의 수준은 어떤가요?

편 우리나라 간호 서비스의 수준은 어떤가요?

이 한국은 의료 기술과 인프라 개발에 많은 투자를 하였으며, 의료 기술의 발전과 함께 세계 최초로 간호 교육 4년 학제 일원화와 인증평가제도 도입을 통해 간호 교육을 표준화시켜 높은 간호 교육 수준을 유지하고 있습니다.

따라서, 한국의 간호사들은 고도의 전문성과 의료 기술을 가지고 환자 중심의 치료 및 관리를 제공하고 있으며 간호 서비스의 품질은 상당히 높게 유지되고 있습니다. 또한 국민건강보험제도를 통해 많은 국민들이 비용 부담 없이 의료 서비스를 받을 수 있어서 의료 서비스의 접근성도 상당히 높은 편입니다.

하지만, 외국에선 보통 간호사 1명이 환자 5명을 보지만 우리나라는 간호사 1명이 환자 20~30명을 돌봐야만 하는 병원들이 아직 많습니다. 아무리 훌륭한 간호사라고 해도 이런 상황에서는 간호의 질은 떨어질 수밖에 없는 게 슬픈 현실이죠. 또한 의료 및 간호 서비스의 수준은 지역에 따라 격차가 크며, 병원 및 의료진의 근무 환경과 혼잡도 등이 서비스 수준에 영향을 미칩니다.

간호는 앞으로 어떻게 변할까요?

간호는 앞으로 어떻게 변할까요?

4차 산업혁명과 기술의 발전은 의료분야에 큰 변화를 가져오고 있습니다. 간호 또한 예외는 아니며 여러 기술의 도입으로 기존의 서비스들이 더 효율적으로 제공되고 있습니다. 따라서 간호사라는 직업은 앞으로 더 발전하고 필수적인 직업으로 부각될 것으로 예상됩니다. 인구 고령화와 만성질환의 증가로 인해 의료서비스 수요는 계속해서 증가하고 있으며, 의료기술과 지식의 발전으로 전문성이 더욱 요구되고 있기 때문입니다. 이를 기반으로 환자 중심 간호의 중요성은 점점 강조될 것이며, 다양한 의료팀 및 관련 직군들 사이에서 효과적인 의사소통과 협력을 끌어내는 중간 다리 역할을 수행하는 비중과 중요성이 높아질 것으로 보입니다. 또한, 병원뿐만 아니라 지역사회, 학교, 정신건강, 재활 및 요양 등 다양한 분야에서 간호사의 역할이 계속해서 확대되는 추세이며 이는 지속될 것으로 예상됩니다.

간호사
직업의 세계

간호란 직업이자 사명이고, 환자를 위해 끊임없이 고민하고 연구하며 앞으로 나아가는 매력적인 직업이자 동시에 회복되는 환자들을 통해 인간적 가치를 실천하고, 보람과 감사를 느낄 수 있는 직업이에요.

간호사는 어떤 직업인가요?

편 간호사는 어떤 직업인가요?

이 나이팅게일은 '간호는 과학이고 예술이며 전문적 직업'으로 정의했죠. 저에게 간호란 직업이자 사명이고, 환자를 위해 끊임없이 고민하고 연구하며 앞으로 나아가는 매력적인 직업이자 동시에 회복되는 환자들을 통해 인간적 가치를 실천하고, 보람과 감사를 느낄 수 있는 직업이에요.

간호의 목적은 개인, 가족, 지역사회의 건강 회복, 질병 예방, 건강 유지와 증진 및 고통의 경감입니다. 즉, 인간의 존엄성과 기본권을 존중하는 간호의 근본이념을 실천하는 것으로서, 요람에서 무덤에 이르는 인간의 삶에서 건강을 증진하고 질병을 예방하며 건강을 회복하는 데 있어요. 건강 회복은 건강 문제를 가진 대상자가 최적의 기능 수준을 되찾아 최상의 안녕 수준에 도달하도록 하는 거예요. 여기에는 장애의 예방, 기능 향상 및 사회로의 복귀 등이 포함됩니다.

질병 예방은 건강을 위협하는 요인을 가진 대상자를 보호하여 특정한 질병이나 합병증이 발생하지 않도록 돕는 거예요. 간호 수행 시 돌봄의 원리와 선행의 원리에 따라 대상자가 자기 결정 권리가 침해받지 않도록 유의해야 하죠. 따라서 간호사는 좋은 건강 습관을 권장하여 질병을 피하거나 조기 발견하도록 돕고, 질병 상태에서도 다른 기능이 정상적으로 유지하도록 도와야 합니다.

건강 유지와 증진은 현재 건강 문제를 가지고 있지 않은 대상자가 최적의 건강 상태를 유지하고 향상할 수 있도록 생활 양식의 변화를 돕는 것으로, 최적의 건강은 신체적, 정서적, 사회적, 영적 건강의 균형 상태를 의미합니다.

마지막으로, 고통 경감은 대상자의 판단 능력 유지 및 회복에 영향을 주므로 존엄성 유지에 큰 영향을 미쳐요. 따라서 간호사는 대상자의 신체적, 정신적, 영적 고통 수준을 사정하고 고통 경감을 위한 다양한 접근방법을 제공해야 해요.

간호가 어떻게 이뤄지는지 알려주세요.

편 한 명의 환자를 만나는 순간부터 헤어질 때까지 간호가 어떻게 이뤄지는지 알려주세요.

이 제가 처음으로 근무했던 응급실 기준으로 한번 설명해 볼게요. 환자가 119 구급차를 통해 또는 스스로 응급실에 방문하게 되면 응급실로 바로 들어오는 게 아니고, 우선 응급실 입구에 트리아지라는 환자의 중증도를 분류하는 곳으로 가게 돼요.

(출처: https://emergencymedicine.vcu.edu)

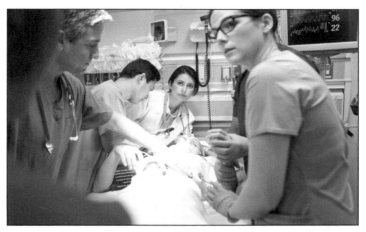

그곳에서 응급의학과 전문의 혹은 트리아지 간호사가 환자의 증상을 평가하고 KTAS(Korean Triage and Acuity Scale, 한국형 응급환자 분류 도구)에 근거하여 중증도 단계를 분류 및 진료의 우선순위를 결정합니다. 응급실 내부는 보통 중증 구역과 경증 구역으로 분리되어 있고 환자는 평가된 중증도 단계에 따라 해당하는 구역으로 이동하여 진료를 보게 됩니다.

생과 사를 넘나드는 응급한 경우는 바로 소생방으로 옮겨집니다. 소생방으로 가는 환자 같은 경우에는 정말 일분일초가 급박한

단계	단계별 정의	대표적인 증상	진료우선순위
KTAS 1	즉각적인 처치가 필요하며 생명이나 사지를 위협하는(또는 악화 가능성이 높은) 상태	심장마비, 무호흡, 음주와 관련되지 않은 무의식	최우선수위
KTAS 2	생명 혹은 사지, 신체기능에 잠재적인 위험이 있으며 이에 대한 빠른 치료가 필요한 경우	심근경색, 뇌출혈, 뇌경색	2순위
KTAS 3	치료가 필요한 상태로 진행될 수도 있는 잠재적 가능성을 고려해야 하는 경우	호흡곤란(산소포화도 90%이상) 출혈을 동반한 설사	3순위
KTAS 4	환자의 나이, 통증이나 악화/합병증에 대한 가능성을 고려할 때 1~2시간 안에 처치나 재평가를 시행하면 되는 상태	38도 이상의 발열을 동반한 장염 복통을 동반한 요로감염	4순위
KTAS 5	긴급하지만 응급은 아닌 상태, 만성적인 문제로 인한 것이거나, 악화의 가능성이 낮은 상태	감기, 장염, 설사, 열상(상처)	5순위

KTAS 분류 기준

환자들이기 때문에 verbal order(구두 지시)로 일단 모든 행위가 이뤄집니다. 보통 CPR, intubation(기관내삽관), 응급 약물 투여, 대량 수혈, C-line(중심정맥관), A-line(동맥관), perm cath(투석 카테터) 시술 등이 소생방에서 일사천리로 이뤄집니다.

대부분의 응급실 환자는 기본적으로 혈액 검사, 심전도, x-ray 촬영을 하고 처방된 수액, 진통제 또는 항생제 등 필요한 약을 투약받게 됩니다. 기본 검사 결과에 따라 추가 검사(CT, MR 등)가 시행되기도 하며, 이후 그 결과를 보고 기저질환이나 기존 의무기록을 바탕으로 평가하여 진료과가 정해집니다.

---

*Cardiopulmonary Resuscitation(CPR): 심폐의 기능이 정지하거나 호흡이 멎었을 때 사용하는 응급처치
*intubation: 기도 확보를 위해 기관 내에 관을 삽입하는 것. 외상, 이물질, 중추신경 질환 등에 의한 호흡장애나 기도 폐색, 분비물의 저류 및 호흡 기능 저하 등으로 인공호흡이 필요한 경우 등에 사용한다.

검사 진행과 결과 대기, 치료 방향을 결정하는 모든 과정에서 추가 투약이나 처치가 필요한 경우 처방이 이루어지고, 그에 맞는 간호를 수행합니다. 구체적인 예를 들면 진료 과정 설명, 채혈, 투약, 검사 준비, 기타 처방 수행, 환자 보호자 응대 등이 있습니다. 또한 환자의 상태와 활력 징후를 지속해서 모니터링합니다. 중증 구역의 경우 중앙 모니터링 시스템이 구축되어 있어 혈압, 심전도, 산소 포화도를 환자의 침상 모니터뿐만 아니라 의료진이 있는 스테이션에서 바로 볼 수 있습니다.

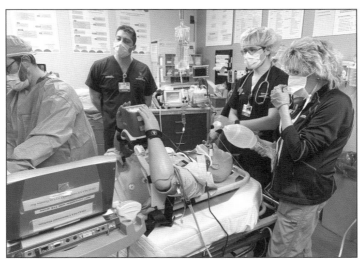

(출처: https://emed.wisc.edu/divisions/critical-care/)

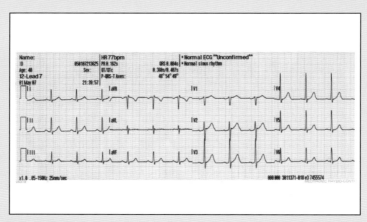

EKG 심전도

혈액 검사

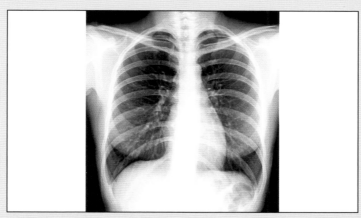

흉부 X-RAY

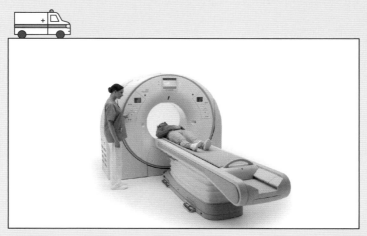

CT

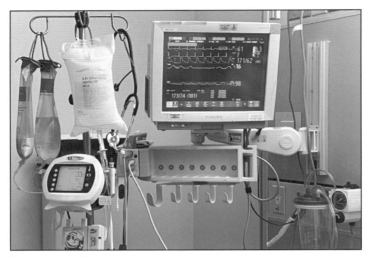

활력징후 모니터링

정맥주사 (출처: https://www.simplivia.com/blog/nurses-guide-safe-handling-hazardous-drugs/)

이후 검사 결과가 모두 나오면 치료 방향이 결정되는데, 퇴원이 가능한 분들께는 퇴원 간호(퇴실 약, 주의 사항 설명, 추후 외래 일정 등)를 제공해 드리고, 입원이 결정된 경우는 병실 혹은 중환자실이 준비될 때까지 응급실에서 대기하며 치료를 받게 됩니다. 병실이 없거나 응급 수술이 어려운 경우는 전원을 진행하는 경우도 종종 있습니다.

요약하면 응급실은 각종 검사를 진행하고, 증상 조절을 위해 투약하고, 각종 시술 및 처치, 활력징후 및 환자 상태를 모니터링하는 과정이 끊임없이 반복된다고 할 수 있겠네요.

편 응급실 의사 선생님들은 진단하고 처방하고, 실제 실행은 간호사의 몫이네요.

이 네. 그렇죠. 실제로 환자 옆에서 24시간 붙어 있는 건 간호사예요. 의사 한 명이 정말 많은 환자를 담당하고 있기 때문에 환자와 만나는 시간은 매우 짧고, 간호사 노티(notify)에 의존하는 경우가 많죠.

편 의사 선생님들은 응급실에 상주하시나요?

이 상주하는 응급실 의사가 있고요. 그리고 각 과마다 당직을 서는 분들은 위에 있다가 응급실에 환자가 있다고 하면 내려와서 진료를 해요. 제가 근무하던 시절에는 내과 당직의가 상주했었는데 지금은 정책이 바뀐 걸로 알아요.

의료 현장에서 어떤 협업이 이뤄지는지 궁금해요.

편 생과 사의 치열한 현장에서 어떤 협업이 이뤄지는지 궁금해요.

이 주로 EMR을 통해 대부분의 소통과 협력이 이뤄집니다. 필요
시에 전화로 소통하지만 메인은 전산시스템(EMR)입니다. 환자 상태

Secured chat fuction in epic (EMR): 병원 전산시
스템에서 카카오톡처럼 대화하며 실시간으로 환자의
상태를 노티하고 오더를 받을 수 있어요.

---

*EMR(Electronic Medical Record): 「의료진이 직접 컴퓨터에 환자의 임상진료에 관한 모든
정보를 입력하면 이 자료를 모두 데이터베이스로 처리, 새로운 정보의 생성도 가능한 의료 정
보시스템으로 HIS(Hospital Information System, 병원 정보 시스템)의 일부분이다. 이 시스
템은 소프트웨어와 진료실 PC*접수실 PC*프린터*서버*허브*검사실 PC 등 하드웨어로 구성돼
있으며 이를 통해 일일이 수작업으로 종이에 환자 기록을 정리 하는 방식보다 의료기관의 업무
를 대폭 줄일 수 있다.」 (출처: 네이버 지식백과)

를 실시간으로 공유하고, 검사 결과를 검토하고, 의료진 및 타 부서 직원들과 의견을 주고받습니다. 검사 시간이나 입원실 배정 같은 것도 팝업으로 뜹니다. 전화로 인한 업무 지연을 방지할 수 있죠.

또 이 외에 응급실 같은 경우에는 CPR 할 때 환상의 협업을 엿보실 수 있답니다. 초를 다투는 응급한 환자가 들어와서 CPR 상황이 되면, 구역에서 다른 환자들을 보던 간호사들도 일단 소생방으로 모두 달려옵니다. 그리고 각자 업무를 분담해요.

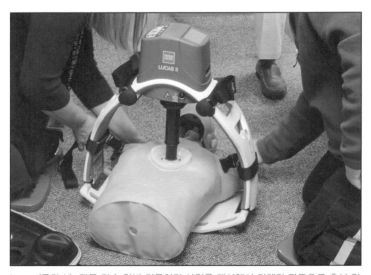

Lucas(루카스): 자동 가슴 압박 기구이며 사람을 대신해서 기계가 자동으로 흉부 압박을 해주는 장비 (출처: https://www.mchalbia.com/news/monroe-county-hospital-clinics-acquires-new-lucas-chest-compression-system-to-support-rescuer-efforts/)

Ambubag(앰부백): 응급상황에서 환자가 스스로 숨을 쉴 수 없을 때 수동으로 산소를 공급하는 인공호흡기 (출처: https://www.worldpoint.com/blog/the-importance-of-ambu-bags-in-emergency-care/)

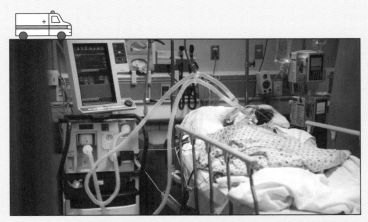

Ventilator(인공호흡기): 호흡에 필요한 공기나 기체를 폐에 들어오고 나가도록 하여 인공적인 호흡 조절(기계환기)을 할 수 있도록 만들어진 기계 (출처: https://www.washingtonpost.com/health/elderly-covid-19-patients-on-ventilators-usually-do-not-survive-new-york-hospitals-report/2020/05/19/ba20e822-99f8-11ea-89fd-28fb313d1886_story.html)

프로토콜에 따라 ambu(엠부)를 짜면서 호흡을 확인하고, 의사가 intubation(기관내삽관)을 할 때 보조하고, ventilator를 연결하죠. 응급실 인턴은 보통 가슴 압박을 담당하고, 케이스에 따라 lucas를 적용하는 경우도 있습니다. 또한 CPR중에는 IV가 많이 확보돼야 해서 IV 잡는 간호사가 있고, 실시간으로 혈액을 채취하고 검사를 돌리는 간호사, 그다음에 A라인(동맥관)이나 C라인(중심정맥관), Foley(유치도뇨관) 같은 세트를 준비하는 간호사도 따로 있어요. 그리고 모두가 알 수 있도록 정확하고 크게 말하면서 정보를 공유해야 합니다. C라인 준비됐습니다! A라인 준비됐습니다! 이런식으로요. 또 의사가 verbal order를 내리면 그 오더 확인했고 제가 가져오겠습니다. 이렇게 끊임없이 말로 해요. 긴급한 상황인데, 같은 오더를 듣고 2명이 다녀오면 시간 낭비잖아요. 그런 훈련이 돼 있기 때문에 각자 맡은 역할을 척척 해내고, 상황이 끝나면 다시 자기 구역으로 돌아가죠.

보통 임상에서는 오류의 가능성이 크기 때문에, verbal order(구두 처방)가 금지되어 있지만, 응급실의 상황에서는 어쩔 수 없는 경우가 있어요. 그래서 반드시 서로 반복하게 되어 있어요. 의사가 "에피 2mg"이라고 오더하면, 간호사도 준비해서 줄 때 똑같이 "에

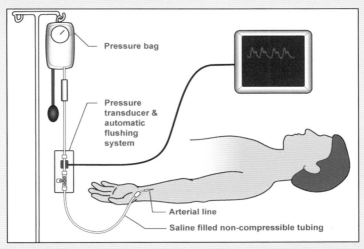

Arterial line(동맥 내 도관) (출처: https://www.pinterest.co.kr/pin/94575660900117036/)

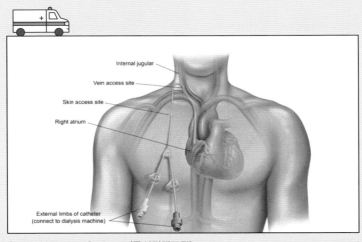

Central Venous Catheter(중심정맥도관) (출처: https://www.azuravascularcare.com/medical-services/dialysis-access-management/central-venous-catheter-placement/)

피 2mg 드리겠습니다."라고 다시 말해요. 그렇게 서로 더블 체크 하는 거죠. 또한 여러 고위험 약물들이 동시에 투약되기 때문에 약물 용량을 절대 혼자 계산하지 않아요. 그래서 선임 간호사와 매순간 코사인(co-sign)을 해서 처방된 약이 정확한 용량으로 들어가는지 확인해요. 환자에 따라서는 infusion pump를 통해 지속해서 들어가는 약물이 4~5개 이상 투여되는 경우도 많기 때문에 주의가 필요하죠. 그리고 실시간으로 계속 나오는 오더를 EMR이라는 시스템을 통해서 계속 제대로 수행되고 있는지 확인해야 합니다.

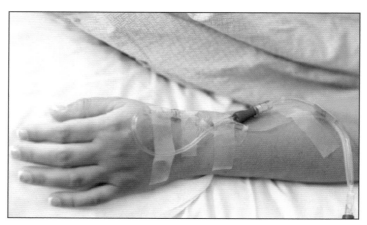

정맥주사 (IV) (출처: https://www.emra.org/emresident/article/ultrasound-iv-placement-pitfalls)

에피네프린 주 [1mg]: 천식, 두드러기 등 심한 알레르기 반응 및 심한 저혈압의 응급처치제 (출처: 서울아산병원)

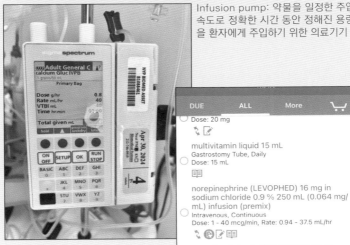

Infusion pump: 약물을 일정한 주입 속도로 정확한 시간 동안 정해진 용량을 환자에게 주입하기 위한 의료기기

처방된 약과 용량을 확인하고 투약 사인을 하는 처방창

간호사가 진출하는 분야가 궁금합니다.

편 간호사가 진출하는 분야가 궁금합니다.

이 간호사가 진출할 수 있는 분야는 정말 다양하며, 이러한 다양
성은 앞서 잠깐 언급했다시피 제가 간호사라는 직업을 추천하는
큰 이유 중 하나입니다. 일단 병원 안에서도 다양한 부서들이 있습
니다. 우리가 흔히 아는 병동, 응급실, 수술실 등을 제외하고도 특
수 부서(MR 및 CT실, 혈관조영실, 내시경실, 항암주사실, 투석실, 고압산소실, 감염관
리실 등)들 및 사무직(교육팀, 보험심사팀, 국제협력팀, 고객서비스 지원팀 등)들이
있기 때문에 병원을 다니면서 지원해 볼 수 있습니다.

병원 외에는 어디에서 일해볼 수 있을까요? 예를 들어, 만약
병원에서 직접 환자를 돌보는 것이 적성에 맞지 않는 것 같다면 제
약회사나 대학병원에서 연구 간호사로 일할 수 있습니다. 환자가
아닌 사람들의 건강 유지 및 증진에 관심이 있다면 산업 간호사로
일할 수도 있으며, 학생들과의 상호작용을 좋아한다면 학교 보건
교사로 진로를 선택할 수도 있을 것입니다. 또한, 공기업에서 안정
적인 직장을 찾고 싶다면 심사평가원이나 국민건강보험공단에서

간호사로 일할 수도 있습니다. 만약 저처럼 해외에서 간호사를 해 보고 싶다면 캐나다, 미국, 호주 등에서 간호사로 도전해 보는 것도 가능합니다. 아래 표는 참고하면 좋을 것 같아요.

의료기관	상급종합병원, 종합병원, 병원, 조산원
보건기관	보건소, 보건의료원, 보건지소, 보건진료소
지역사회	학교 보건교사, 산업장
노인 장기 요양기관	노인요양시설, 방문 간호기관
기타	대학 교육기관, 정부 및 국민건강보험 관련기관, 군진 간호, 제약회사, 민간 보험회사

간호사가 만나는 다양한 직업군이 궁금해요.

편 간호사가 만나는 다양한 직업군이 궁금해요.
이 다음과 같습니다.

간호사는 다양한 보건의료인, 의료기사, 그리고 관련 직종 분들과 함께 일합니다. 의사, 한의사, 치과의사, 약사, 영양사, 방사선사, 임상병리사, 물리치료사, 의무기록사, 작업치료사, 간호조무사, 요양보호사 등이 대표적인 직종입니다. 그 외 경호팀, 이송팀, 원무과 직원, 사회복지사 등도 포함됩니다.

*의료법 제2조(의료인)

① 이 법에서 "의료인"이란 보건복지부 장관의 면허를 받은 의사·치과의사·한의사·조산사 및 간호사를 말한다. 〈개정 2008.2.29, 2010.1.18〉

② 의료인은 종별에 따라 다음 각호의 임무를 수행하여

국민 보건 향상을 이루고 국민의 건강한 생활 확보에 이바지할 사명을 가진다. 〈개정 2015.12.29, 2019.4.23〉

1. 의사는 의료와 보건지도를 임무로 한다.

2. 치과의사는 치과 의료와 구강 보건지도를 임무로 한다.

3. 한의사는 한방 의료와 한방 보건지도를 임무로 한다.

4. 조산사는 조산(助産)과 임산부 및 신생아에 대한 보건과 양호지도를 임무로 한다.

5. 간호사는 다음 각 목의 업무를 임무로 한다.

　　가. 환자의 간호 요구에 대한 관찰, 자료수집, 간호 판단 및 요양을 위한 간호

　　나. 의사, 치과의사, 한의사의 지도하에 시행하는 진료의 보조

　　다. 간호 요구자에 대한 교육·상담 및 건강증진을 위한 활동의 기획과 수행, 그 밖의 대통령령으로 정하는 보건 활동

　　라. 제80조에 따른 간호조무사가 수행하는 가목부터 다목까지의 업무 보조에 대한 지도

간호사의 일과가 궁금해요.

편 간호사의 일과가 궁금해요.

이 다음과 같습니다.

한국 간호사는 보통 3교대 (7a-3p, 3p-11p, 11p-7am)로 근무하는데요. 모든 일이 시시각각 벌어지고 병동이나 부서마다 차이가 있겠지만 Day 근무만 간단하게 살펴볼게요.

06:00	보통 한 시간 전 출근! 물품 카운트, 배정된 환자 파악, 약 스케줄링 및 액팅 준비
06:30~7:00	팀(전체) 인계
7:00~7:30	담당 환자 인계, 라운딩
7:30~8:30	환자 V/S check, 차팅, 오더 확인, 투약 준비
8:30~9:00	아침 검사 결과 확인, 필요시 notify
9:00~2:30	수술 및 시술, 검사 준비, 필요시 투약, 환자 입원 및 퇴원, 필요시 신규 환자 받기
2:30~3:00	이브닝 인계

미국 간호사의 일과는 어떤가요?

편 미국 간호사의 일과는 어떤가요?

이 다음과 같습니다.

보통 미국 병원의 일반 병동이나 중환자실은 12시간씩(7am-7pm) 2교대로 주 3일 일한답니다. 하지만 제가 지금 뉴욕에서 일하고 있는 병원의 투석실은 10시간씩 주 4일로 근무가 세팅되어 있고 그 외 on call(당직)도 있습니다. 현재 저는 evening nurse라 오후 4시부터 새벽 2시까지 일하고, 한 달에 두 번, 새벽(2am-6am)에 on call 근무를 하고 있습니다.

혈액투석은 특수한 기계를 통해서 진행되는데요. 담당 간호사는 투석 기계와 환자의 동정맥루(AVF, AVG)와 투석 카테터를 잘 다룰 줄 알아야 돼요.

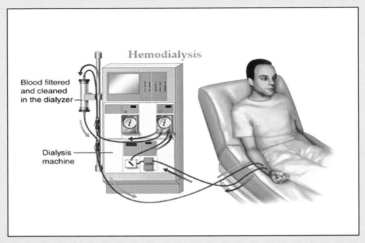

혈액투석 (출처: https://healthjade.com/hemodialysis/)

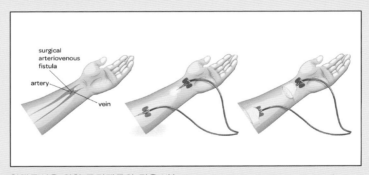

혈액투석을 위한 동정맥루와 전용 바늘 (출처: https://www.kidneycareuk.org/about-kidney-health/treatments/dialysis/haemodialysis-access-arteriovenous-fistula/)

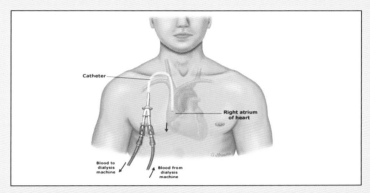

Hemo cath, Perm cath (투석 카데터) (출처: http://virclinic.com/permcath-or-tunneled-
catheter-insertion/)

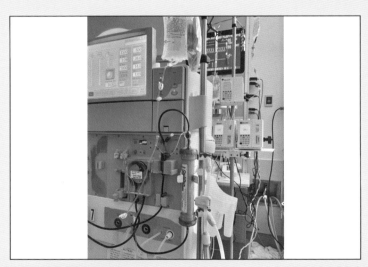

FMC 2008 혈액투석 기계

혈액투석이란 신부전인 환자의 혈액 속의 노폐물과 수분을 인공신장기(반투과막 필터)를 이용해 제거해 주는 과정입니다. 동맥 혈관에서 나온 혈액을 투석 기계로 돌려 인공신장기를 통과시켜 투석액과 상호교류를 통해 혈액 내 노폐물과 과량의 수분을 배설시키고 정화된 혈액은 정맥 혈관을 통해 다시 환자에게 되돌려지는 과정이죠.

보통 출근을 하면 2명에서 4명의 환자까지 배정을 받는데 환자가 안정적인 경우에는 투석실에서 1(간호사):2(환자) 비율로 투석할 수 있고, 불안정한 급성기인 경우에는 직접 투석 기계와 준비 물품들을 가지고 ICU나 Step down에 내려가 1:1 투석을 진행합니다. 한 세션에 평균적으로 3~4시간 정도 소요된답니다.

환자를 배정받으면 한 번 더 환자의 병력 및 특이 사항, 감염 여부, 혈액 검사 결과, V/S 리뷰하며 환자가 투석을 받을 수 있는 상태인지 체크하고 primary RN(담당 간호사)에게 환자에 대한 인계를 받아요. 안정적인 투석을 위해 최근 복용 약과 지속해서 투여되는 약물, 혈액 검사 결과 등을 꼼꼼하게 체크해야 합니다.

환자의 상태가 안정적인지 확인되면 기계를 세팅하고, 투석할 준비를 합니다. 환자의 동정맥루 또는 투석 카테터(perm cath)의 상태를 사정하고 평가한 후 니들링 하는 것도 투석 간호사의 중요한 역할 중 하나입니다.

안전하게 투석 기계와 환자를 연결하고 나면 투석하는 동안 부작용 여부를 잘 살피고 상황에 맞는 중재를 적용하고, 필요시 투약 및 수혈도 같이 진행하게 됩니다. 급성기 환자들의 상태는 수시로 변하기 때문에 주의 깊게 모니터링해야 하죠.

제 부서는 혈액투석 외에도 혈장교환술 치료도 같이 합니다. 간단히 말하자면 환자의 혈장에 존재하는 질병 유발 항체 또는 독성 물질들을 제거하거나 혈장 속에 결핍된 물질을 보충하기 위해 혈액 성분 채집기를 이용하여 환자의 혈장을 제거하고 4~5% 알부민 또는 신선 동결 혈장 등의 보충액을 주입해 주는 치료법을 말한답니다.

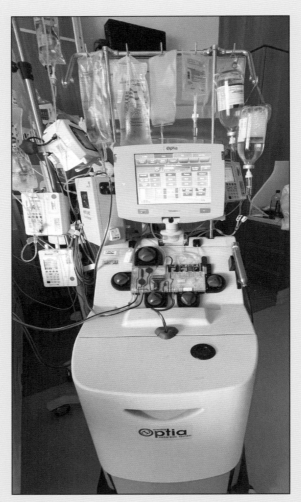

혈장교환술

환자에 대한 정보를 어떻게 공유하나요?

편 간호사는 환자에 대한 정보를 어떻게 공유하나요?

이 환자 데이터를 공유하는 전자의무기록(EMR: Electronic Medical Record)이 있어요. 전자의무기록은 기존 종이에 기록해서 관리되던 방식에 정보통신기술을 접목하여, 의료 정보를 모두 전산화하는 시스템이에요. IT 기술 및 컴퓨팅 시스템이 발전함에 따라 현재 병원에서의 진료기록은 컴퓨터를 이용해 전자적으로 처리하고 있어요. 최근 4차 산업혁명을 바탕으로 EMR 기반의 임상 데이터와 유전체 정보, 라이프로그 정보 등과 결합하여 개인 맞춤형 의료서비스를 제공하는 정밀 의료(Precision Medicine)의 바탕이 되고 있죠.

EMR

간호사에게 제일 중요한 것은 무엇인가요?

편 간호사에게 제일 중요한 것은 무엇인가요?

이 간호사에게 가장 중요한 덕목 중 하나는 "신뢰"라고 생각해요. 환자들은 간호사에게 자신의 건강과 안전을 맡기며, 이는 높은 신뢰를 기반으로 이루어집니다. 신뢰는 간호사와 환자 간의 관계뿐만 아니라 같이 일하고 협력하는 팀원들 간에도 매우 중요한 역할을 하고 이는 곧 환자의 건강과 안전에 직결된 문제이죠.

이 신뢰를 얻기 위해 우리는 환자의 안전과 건강을 보장하기 위한 책임감을 가져야 하고, 정확한 정보전달과 효과적인 치료 제공을 위한 전문적 지식, 팀워크, 공감과 이해 능력, 높은 수준의 윤리 의식이 필요하다고 생각해요.

〈나이팅게일 선서〉

나는 일생을 의롭게 살며 간호 전문직에 최선을 다할 것을 하느님과 여러분 앞에 선서합니다.

나는 인간의 생명에 해로운 일을 어떤 상황에서나 하지 않겠습니다.

나는 인간의 수준을 높이기 위하여 전력을 다하겠으며 간호하면서 알게 된 개인이나 가족의 사정을 비밀로 하겠습니다.

나는 성심으로 보건의료인과 협조하겠으며 나의 간호를 받는 사람들의 안녕을 위하여 헌신하겠습니다.

플로렌스 나이팅게일 (출처: https://www.biography.com/scientists/florence-nightingale)

기억에 남는 환자가 있나요?

편 기억에 남는 환자가 있나요?

이 몇 가지 에피소드를 말씀드릴게요.

ep 1)

응급실에서 일하다 보면 많은 말기 암 환자분을 만나게 되죠.
40대 여성 환자분이었고 약 5년이 넘게 항암치료를 하며 투병 중
이신 분이었어요. dyspnea(호흡곤란)로 응급실에 내원하셨는데 이제
더 이상 해드릴 수 있는 게 없는 상태였죠. 폐와 뼈까지 모두 전이
가 된 상태였거든요. 가장 고용량의 산소를 투여하고 진통제를 드
리는 게 저희가 해드릴 수 있는 최선이었어요. 남편분은 DNR 동의
서에 사인을 하셨고 환자분 옆을 지키고 있었어요. 심장 박동이 점
점 느려지고, 산소 포화도가 떨어져 가는 상황에서 남편분이 아내

---

*D.N.R.(Do Not Resuscitate, 심폐소생술 거부): DNR 동의서는 호전 가능성이 거의 없는 환
자가 병원에서 억지로 인공호흡기나 독한 약물 등을 사용하여 인위적으로 생명 유지나 생명 연
장을 하지 않는 것에 동의하는 문서다. 또한 만성 질환자나 말기 암 환자 등 환자의 상태가 전
반적으로 많이 악화하였을 때 멎어버린 심장을 뛰도록 처치하는 심폐소생술을 거부하는 데 동
의할 때 쓴다.

의 두 손을 꽉 잡아주시며 "그동안 고생 많았어, 사랑해 다음 생에 만나자."라고, 말하니 잠시 심장이 반응하더니, 바로 Asystole(심장 박동 정지)이 왔죠. 마치 환자분이 그 말을 기다리셨던 것처럼요. 두 분 다 아직 젊으신 분들이라 아주 안타깝고 슬펐던 기억이 나요.

ep 2)

이브닝 근무에서 나이트 근무로 넘어갈 때 추가 액팅을 뛰면서 바쁘게 복도를 걸어가고 있었어요. 복도 끝에서는 어떤 여자 환자분이 심장내과 의사랑 질환에 대한 상담을 하시는 중이었죠. 그리고 저는 갑자기 기절했어요. 상담을 받던 여자 환자분이 저를 향해 돌진해 뛰어오면서 제 얼굴을 주먹으로 치면서 제가 몇초간 기절을 한 거였어요. 저는 너무 무방비 상태에서 맞아서 뒤로 넘어갔고 다행히 뒤에서 오던 선배가 저를 받아주시면서 바닥으로 넘어졌죠. 눈을 떴을 때 저는 울고 있었고 선배 간호사는 소리치고 있었고 모든 사람이 동그랗게 몰려들었던 기억이 나요. 정말 아찔했죠. 선배가 저를 받아주지 않았더라면 더 큰 사고로 이어질 수 있었으니까요. 알고 보니 그 환자는 조현병 병력이 있는 환자였어요. 밤 12시에 진료를 보고, Brain CT를 촬영하고, 부은 눈으로 사건 보고서를 쓰던 게 기억이 나네요.

ep3)

응급실에서 40명이 넘는 환자를 보고, 동시에 여러 환자들의 컴플레인을 응대하며, 동시에 혈압도 재고, IV도 하고, 혈액 검사하고, 항생제도 투약하고, 검사 및 입원 안내도 하며 정말 한 번에 10가지가 넘는 일을 진행하며 경과까지 설명하고 있을 때 도망가고 싶은 적이 있었어요. 퇴실이 오후 1시에 난 환자였는데 그 환자분은 저에게 단 한마디도 하지 않으시고 그저 묵묵히 저를 기다려 주셨습니다. 그 공간은 매우 협소하기 때문에 환자분은 저를 보고 계셨고, 퇴실한다는 사실도 의사가 설명해서 이미 알고 계셨을 거예요. 오후 6시가 다 되어서야 저는 그 환자분께 드디어 응급실에서 나가도 좋다는 퇴원 안내와 약을 설명해 드릴 수 있었는데 단 한마디의 불평 없이 "감사합니다. 간호사님"이라고 말해주셨어요. 그 환자분의 마음이 전해져 눈물이 계속 났던 기억이 나요.

간호사가 되길 잘했다고 느끼는 순간은 언제인가요?

간호사가 되길 잘했다고 느끼는 순간은 언제인가요?

환자가 응급실에서 중환자실로 갔다가 호전되면 병동으로 옮겨지고, 병동에서도 회복이 잘 되면 병원 로비나 정원을 산책하시기도 하는데, 이렇게 거동을 하실 정도면 많이 회복되었다는 의미입니다. 돌아다니다가 제가 응급실에 봤던 환자와 마주치면 정말 신기하고 반갑고 또 뿌듯하죠. 워낙 위급한 상황으로 오시는 경우가 많으니까 환자분들이 의식이 없거나 경황이 없는 경우가 많아 저희를 기억하지 못하고, 보통 저희도 못 알아보는데 가끔 신기하게 "어? OOO님이다"라고 알아보는 경우도 있어요. 다가가서 직접 인사는 못 하지만 마음으로 환자분들을 응원한답니다.

또한 마음이 맞는 동료들과 일할 때 정말 일이 재밌다고 느껴져요. CPR이 터지면 소리 소문 없이 모든 간호사들이 한 번에 소생방에 모여요. 순조롭게 일을 분담하고 각자 맡은 일을 하죠. 그리고 환자가 ROSC(Return Of Spontaneous Circulation: 심박재개) 되면 또 순식간에 담당 간호사를 제외하고 모든 간호사들이 본인 담당 구역으로 돌아가서 자기의 원래 일을 하죠. 이렇게 팀워크가 잘 맞을 때 정말 뿌듯하고 기분이 좋아요.

편 어느 대학병원 소아 응급실 영상을 본 적이 있어요. 아직 눈도 못 뜬 신생아들에게 사랑한다고 하염없이 이야기를 건네는 간호사 분의 모습이 담겨 있더라고요. 저는 그 영상을 보면서 저렇게까지 사랑을 줄 수 있다는 게 신기했어요.

이 저도 그 영상을 봤어요. 제 친구들 중에도 신생아 중환자실에서 일하는 친구들이 있는데 진심으로 아기들을 안타까워하고 정말 사랑으로 간호해요. 신생아, 소아 및 청소년과에서 일하는 선생님들의 특징인 것 같기도 해요. 퇴근하고 나서도 담당했던 아기들 이야기를 계속하는 제 친구를 볼 때 얼마나 귀여운지 몰라요. 그 정도로 환자를 사랑하는 마음은 정말 저도 간호사로서 존경스럽고 배워야 할 점이라고 생각해요. 그 영상을 통해 제 자신도 돌아보게 되더라고요.

솔직히 제가 응급실에서 일할 때는 환자에 대한 특별한 감정을 느낄 여유가 없었던 것 같아요. 내가 혹시 놓친 것은 없는지, 환자의 상태는 괜찮은지 계속 확인하며 항상 긴장감 속에 있었어요.

스크롤이 내려가는 수많은 오더들을 실수 없이 수행하는 게 제일 중요했으니까요.

　또한, 처방 그대로 수행하는 것이 아니라, 비판적 사고를 하고 환자의 증상 및 혈압, 심박수, 산소 포화도, 혈액 검사 결과 등을 보면서 오더를 수행할지 판단해야 합니다. 특히 급성기 환자의 경우는 상태가 시시각각 변하기 때문에 긴장의 끈을 놓을 수 없죠. 지금 와서 돌이켜 보면 제가 당시 조금 더 경험이 많고 숙련된 간호사였다면 환자들의 이야기를 더 들어주고 정서적으로 지지해 줄 수 있지 않을까 하는 아쉬움이 있어요.

이 직업의 최고 매력은 뭔가요?

편 이 직업의 최고 매력은 뭔가요?

이 글쎄요. 솔직히 말씀드리면 제가 20대 때는 간호사의 매력을 느끼기 힘들었어요. 간호대학을 바로 졸업하면 대부분 20대 초 중반에 병원에 입사하게 되는데요. 아직은 부모님이 건강하시고 저도 크게 아파본 경험이 거의 없는 나이였기 때문에 환자의 아픔을 진심으로 이해하고, 공감해 주기엔 너무 어렸던 것 같아요. 그래서 저는 환자가 차트 안에 글자로만 보였어요. 그래서 의료진에게 소리치거나 우는 환자를 보면 이해하기 힘들었어요. 다들 너무 예민하고 과한 것 같다고 생각했었죠. 그런데 시간이 점점 지나면서 환자들을 바라보는 시선이 달라지기 시작했어요. 간호사로 일한 지 2년 만에 어머니가 암으로 수술을 받으셨고, 친한 친구들의 부모님들도 여러 가지 이유로 병원에 오시는 횟수가 늘어났어요. 저 또한 갑상선 항진증으로 갑상샘을 전부 제거하는 수술을 받게 되었어요. 환자들이 차가운 수술대에 올라가면 이런 기분이구나, 수술한 후 마취약으로 느껴지는 메스꺼움이 이런 기분이구나 하고 제가 아파보니까 더 잘 알게 되었죠. 이런 과정에서 환자와 가족의 마음을 조금 더 잘 이해하게 되었죠.

제가 대학교 때 교수님이 간호사는 나이가 들수록 좋은 직업이라고 말해주셨던 기억이 나요. 이제야 그 말에 어느 정도 동의할 수 있어요. 요즘은 친구나 가족들이 아프면 항상 저한테 먼저 연락이 오고 조언을 듣고 싶어 해요. 제가 해결을 해줄 수는 없지만 아는 한에서 최대한 설명을 해주고 병원 진료를 어떻게 볼 수 있는지, 어떤 과정으로 입원과 수술이 진행되는지 조언해 줍니다. 한국에서 현직 간호사였을 때는 병원 예약을 직접 잡아주기도 했죠. 이렇게 간호사로서 실질적인 도움을 줄 수 있는 게 이 직업의 장점이라고 생각합니다. 내가 돌보는 환자의 질병 예방과 건강증진에만 힘쓰는 게 아니고 본인이 가진 간호 전문지식을 통해 사랑하는 사람들의 건강도 지켜줄 수 있다는 점이 매력적이죠.

예전에는 승무원으로 일하는 친구들이 부러웠어요. 사람들이 비행기를 탈 때 대부분 들뜨고 행복한 마음을 안고 타잖아요. 반대로, 병원은 다들 아프고 불편할 때 오는 곳이라서 슬프고 지친 마음을 안고 오죠. 하지만 지금은 제가 이 사람들 삶의 가장 힘든 순간에 함께하고 있고, 그 고통의 순간을 조금이나마 긍정적으로 변화

시킬 수 있다는 부분이 가치 있고 보람찬 일이라고 생각해요. 이렇게 시간이 지날수록 삶과 생명, 일에 대해서 깊이 깨닫는 직업이라는 게 간호사의 가장 큰 매력이라고 할 수 있겠네요.

그만두고 싶다고 느끼신 적은 언제인가요?

편 이 일을 그만두고 싶다고 느끼신 적은 언제인가요?

이 응급실 생활은 정말 흥미롭고 재밌었지만, 생리대를 갈지 못해서 바지에 피가 묻었을 때, 물을 먹고 싶은데 정수기까지 갈 시간이 없을 때, 아프지만 아프다고 말할 수 없을 때, 정말 그만두고 싶었죠.

우리나라는 다른 선진국에 비해서 간호사 1명이 너무 많은 환자를 케어하고 있어요. 미국 같은 경우에는 병동에서 간호사 1명이 환자 5명을 본다면 우리나라는 최소 10명에서 많으면 20~30명까지도 보거든요. 그런데도 의료 수준이나 간호의 질은 정말 높아요. 그 말은 즉, 그만큼 휴식 시간도 없고, 밥 먹을 시간도 없고, 화장실 갈 시간도 없는 거예요.

또 저는 개인적으로 3교대 근무가 힘들었어요. 미국은 나이트 간호사는 나이트만, 데이 간호사는 데이만 일해요. 그런데 우리나라는 3교대로 돌아가면서 근무하니까 매 순간 시차 적응을 하고 있는 거예요. 결국 수면의 질도 떨어지고, 면역력 저하에 호르몬 불균형으로 건강에 문제가 생겼었죠.

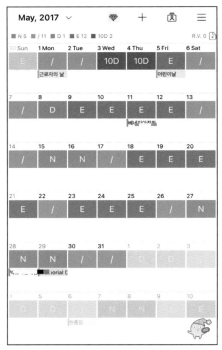

응급실에서 근무하던 시절 근무표
(Day 7am-3pm, Evening 3pm-11pm, Night 11pm-7am)

의료 환경이 많이 바뀌지 않았나요?

편 코로나 펜데믹 전후로 의료 환경이 바뀌지 않았나요?

이 코로나 이전에는 베드가 다 차서 환자를 더 이상 눕힐 곳이 없을 때도 계속 환자를 받았어요. 베드가 없으면 전쟁터처럼 바닥에서 환자를 눕히고 CPR을 하기도 했어요. 이와 같은 상황은 정말 간호사에게도 환자에게도 위험한 일이죠. 병원에서 119에 지금 베드도 없고, 환자를 돌볼 간호사도 의사도 부족하니까 제발 보내지 말라고 이야기를 해도 119 입장에서는 어쩔 수 없이 응급실로 환자를 데려오는 경우가 많았어요. 구급대원과 의료진 사이에 고성이 오가는 순간도 많았죠.

코로나 이후에는 간호사당 맡는 환자의 수가 줄어들고 감염관리가 철저해지면서 오히려 응급실에서 일하는 친구들은 일하는 환경은 나아졌다고 말해요. 코로나가 한창일 때는 경증 환자는 응급실에 오는 경우가 줄었고, 진짜 응급을 요하는 환자들이 내원을 했다고 합니다. 의료진의 입장에서는 환자 안전을 위한 환경이 훨씬 발전하고 좋아진 게 맞지만, 반대로 환자들은 어떤 면에서 불편할 수도 있을 것 같아요. 병원은 베드가 없거나 의료진이 부족하면 환자를 받을 수 없다는 입장이고, 일반인들은 내 가족이나 본인이 정말 응급한 상황에 갔는데, 받아주지 않으면 정말 절망적이겠죠.

편 소아응급실은 일반 응급실과 많이 다른가요? 소아청소년과 의료진이 급감한다는 뉴스가 많이 나와요.

이 제가 일했던 병원은 소아 응급실과 성인 응급실이 분리되어 있었고 심지어 건물도 달랐어요. 저는 당연히 성인 응급실에서 근무했었고, 제가 알기로는 소아 응급실은 신규 간호사를 채용하지 않고, 소아청소년과 병동에서 경력이 있는 간호사만이 지원을 받는다고 들었어요. 그래서 사실 소아 응급실은 저에게 미지의 세계랍니다.

뉴스에 많이 나와서 아시겠지만, 소아청소년과 전문의를 하려는 의사가 없어요. 보건복지부에 따르면 전국 병원의 소아과 전공의 확보율은 2020년 68.2%에서 지난해 27.5%로 급락했고, 올 상반기 50개 대학병원 중 38개(76%)는 소아과 전공의를 단 한 명도 확보하지 못했다고 합니다. 당연히 의사 부족에 소아과 입원 치료와 야간 진료를 중단하는 병원도 크게 늘어나고 있는 추세죠. 소아 응급 치료 체계는 사실상 무너지고 있습니다. 이렇게 소아청소년과 의사가 부족해지는 이유는 저출산으로 소아 환자 수가 감소하고, 타과에 비해 수익이 낮은데, 의료 소송의 위험성은 매우 크기 때문입니다. 정말 국가적으로 큰 문제죠.

스트레스를 어떻게 해소하세요?

편 선생님은 스트레스를 어떻게 해소하세요?

이 제가 응급실에서 일하는 동안 스트레스를 풀 수 있었던 유일한 환기구는 바로 동기들이었어요. 2015년도 입사를 같이한 응급실 친구들인데 모두 병원 내 기숙사에 같이 살았어요. 하루도 빠짐없이 만나고 맛집 찾으러 다니고 틈만 나면 여행 계획 짜고 놀러다녔죠. 일할 때도, 쉴 때도 항상 같이 있었는데 매 순간 떠들썩하고 재밌었어요. 힘들게 일하는 순간에도 동기들하고 같이 일하면 그

서울아산병원 응급실 동기들

자체로 위안이 많이 됐던 기억이 나요. 보통 직장에서 마음이 맞는 친구를 만나기 힘들다고 하던데 이런 친구들을 만날 수 있었던 건 정말 행운이라고 생각해요. 지금도 각자의 위치에서 최선을 다하고 있는 동기들이 정말 자랑스럽고, 여전히 서로에게 든든한 버팀목이고 소중한 인연이랍니다.

뉴욕에 살고 있는 지금은 한국에서 일할 때보다는 워라밸도 좋고 휴가도 자유롭게 쓸 수 있어서 스트레스는 덜 받는 것 같아요. 리프레시하는 방법은 한국에 있을 때랑 크게 다르지 않아요. 뉴욕에 사는 장점을 십분 살려 브로드웨이에서 공연이나 뮤지컬을 보러 가기도 하고, 박물관이나 미술 전시도 많이 보러 다녀요. 또 미국이 크다 보니까 다른 주를 하나씩 여행하는 재미도 있어요. 요즘은 날씨 좋은 날 음악 들으면서 조깅하는 게 일상의 소중함을 느끼며 가장 힐링 되는 순간인 것 같아요.

많은 영향을 받은 인물이 있나요?

편 많은 영향을 받은 인물이 있나요?

이 프리셉터 선생님이요. 부서에 발령이 나면 프리셉터가 배정되어서 약 3개월간 트레이닝을 받고 신규 간호사로 독립하게 돼요.

사실상 학교에서 배우는 건 병원에서 일하기 위한 전반적인 기초 지식과 간호사로서의 가치관, 기본 덕목 및 소양을 배우는 데 집중해요. 임상에서 일하기 위해 알파벳을 배우는 정도라고 표현해도 될지 모르겠어요. 그럼에도 불구하고 어마어마한 공부량을 소화해야 되지만요. 프리셉터 선생님은 그 알파벳으로 문장을 만드는 방법을 가르쳐주시는 것 같아요. 실질적이고, 효율적이며 최선의 간호를 제공하기 위한 방법, 환자를 응대하는 법, 이론을 실제 임상에 적용하도록 가르쳐주시고 도와주셨죠. 지금은 제 인생의 베스트 프렌드이지만 그 당시에는 정말 무서운 호랑이 같은 선

---

*프리셉터(Preceptor): 신규 간호사들이 새로운 역할을 습득하고 사회화할 수 있도록 제한된 시간 동안 신규 간호사의 성장과 발달을 돕고 역할 모델이 되며 신규 간호사를 가르치고 상담하고 역할 시범을 보이는 경험이 많고 유능한 경력 간호사를 말한다.

생님이었어요. 처음에는 말도 붙이기 힘들고 마음처럼 되지 않아 눈물이 고인 적도 있었죠. 하지만 제 프리셉터 선생님 덕분에 좋은 간호사로 성장할 수 있었어요. 일도 정말 빨리 늘었고요. 프리셉터 기간이 끝나도 뒤에서 실수는 안 하는지, 피드백 줄 건 없는지 항상 지켜보고 계시다가 공부할 목록을 잔뜩 주고 가시던 게 아직도 기억이 나요. 그때는 몰랐는데 경력 있는 간호사가 되어 보니 그건 애정이고 또 사랑이었더라고요. 프리셉터 선생님과 저는 지금까지 매년 여행도 같이 다니고 아주 각별한 사이입니다.

응급실 가족사진: 엄마인 혜린 선생님과 첫째 딸인 저, 그리고 둘째 딸 인화와 미국 이민 가기 전 기념으로 찍은 사진입니다. 공식 명칭은 프리셉터, 프리셉티지만 서로 엄마, 딸이라고 불렀어요. 지금도 두 분은 아산병원 응급실을 지키고 있는 멋진 간호사들입니다.

어떤 사람이 간호사가 되면 좋을까요?

편 어떤 사람이 간호사가 되면 좋을까요?

이 우선 인간에 대한 호기심과 관심과 애정이 있고, 동정심과 연민이 있는 사람, 그리고 의사소통 능력이 뛰어난 사람이면 좋을 것 같아요. 사실 간호사라는 직업은 누구라도 될 수 있어요. 진입 장벽이 낮은 직업이라고 생각해요. 하지만 결코 쉽다는 말은 아니에요. 어떻게 보면 간호사 면허를 따서 물리적으로 간호사가 되는 것보다 간호사라는 직업을 유지하는 게 더 힘들거든요.

제 개인적인 의견으로는 인간에 대한 관심과 동정심, 연민은 일하면서 어느 정도는 키워지는 것 같아요. 이 직업을 통해 인간으로서 많이 성장하기 때문에 조금이라도 의료 쪽에 관심이 있는 사람이라면, 누구나 도전할 수 있는 일이죠. 어쨌든 간호를 하려면 인간에 대한 관심과 안타까워하는 마음은 있어야 해요. '이 사람이 왜 아플까?', '이 사람이 왜 이런 감정을 표현할까?', '이 사람이 지금 불편한 걸까?', '이 사람은 왜 나아지지 않을까?' 이런 호기심과 관심은 더 나은 간호를 제공할 수 있게 만들죠. 그래서 간호사들을 보면 대부분 교우 관계나 사회성이 좋고, 활발한 친구들이 많은 것 같아요. 엄청나게 창의적이거나 명석한 두뇌가 필요하기보다는, 연민과 공감을 바탕으로 어느 정도의 전문 지식 기반을 갖춘다면 충분히 좋은 간호사가 될 수 있다고 생각해요. 거기다 빠른 상황 판단력과 행동력도 갖춰진다면 금상첨화겠죠.

이 일이 맞지 않는 사람은 누구일까요?

편 이 일이 맞지 않는 사람은 누구일까요?

이 앞서 말했듯이, 간호사는 환자들의 어려움과 고통을 이해하고 공감할 수 있어야 해요. 만약 타인의 문제에 관심을 가지기 어렵고 의사소통 능력이 부족하다면, 환자를 치료하고 상호작용하는 데 어려움을 느낄 수 있어요. 그리고 임상은 급격하게 변화하고 예측하기 어렵기 때문에 새로운 환경에 적응하기 어렵다면, 스트레스로 다가올 수 있죠. 또 동시다발적으로 터지는 여러 가지 일들을 한 번에 해결해야 하므로 멀티태스킹이 힘든 경우에도 이 직업이 안 맞다고 느껴질 수 있어요.

하지만 병원에서 일하는 간호사만 있는 것이 아니라 보건직 공무원, 연구간호사, 보험심사팀 등 다양한 분야에서 사무직으로도 일할 수 있기 때문에 누구나 도전해 볼 수 있는 직업이라고 생각합니다. 자신의 성향에 따라 진로는 언제든지 바꿀 수 있으니까요.

직업병이 있나요?

편 간호사만의 직업병이 있나요?

이 3교대를 하는 간호사들에게 가장 흔한 직업병은 불면증입니다. 2~3일마다 근무시간이 계속 바뀌기 때문에 수면 패턴이 뒤엉키죠. 실제로 수면제나 수면 보조제의 도움을 받는 간호사들도 많답니다. 이렇게 생체리듬의 불균형이 생기면 호르몬 문제를 불러일으키기도 합니다. 다음은 허리 통증인데요. 환자 체위 변경이나 간호 처치를 할 때 허리를 숙이는 동작들이 많고, 또 때로는 너무 장기간 서 있으면서 허리 통증과 더불어 하지정맥류가 나타나기도 합니다. 또 너무 바쁜 근무로 인해 식사를 제대로 하지 못하거나 빨리 먹어 위장장애를 유발하기도 하고, 화장실을 제때 가지 못해 방광염이 생기는 경우도 종종 있습니다.

AI가 간호를 대체할 수 있을까요?

편 AI가 간호를 대체할 수 있을까요?

이 AI 기술은 의료 및 간호 분야에서 중요한 역할을 할 수 있지만, 현재로서는 간호사를 완전히 대체하기에는 아직 멀었다고 생각합니다. 하지만 AI는 몇 가지 측면에서 간호를 효과적으로 보조할 수 있다고 생각해요. AI를 이용해 의료 영상 분석, 진단 지원, 환자 데이터 분석 등을 통해 의사 및 간호사에게 진단 및 예후 예측을 도울 수 있고, 간호사의 업무 중 반복적이고 시간 소모적인 작업, 예를 들면 의약품 관리, 의무기록 작성, 스케줄링 등은 AI 시스템을 통해 자동화될 수 있죠. 또한 전자의무기록(EMR) 시스템을 통해 환자 정보를 효율적으로 관리하고 공유하는 데 AI가 도움을 줄 수 있습니다. 이미 상당 부분 실제 임상 상황에서 쓰이고 있기도 하고요. 하지만 인간과의 상호작용, 신체적 정서적 간호 제공, 윤리적 판단 등은 매우 복잡하고 민감한 부분이기 때문에 아직은 간호사가 필요하다고 생각합니다.

간호사의 세계를 잘 묘사한 작품을 추천해 주세요.

편 간호사의 세계를 잘 묘사한 영화나 소설 등을 추천해 주세요.

이 2020년에 NBC에서 방영되었던 캐나다 드라마 〈Nurses〉를 추천하고 싶어요. 토론토를 배경으로 세인트메리 병원에서 5명의 신입 간호사들과 환자들의 이야기를 담은 휴먼 메디컬 드라마라고 합니다. 기존의 메디컬 드라마가 의사를 중심으로 담았다면 〈Nurses〉는 5명의 신입 간호사들이 병원이란 곳에서 어떻게 적응해 나가는지, 환자들을 어떻게 돌봐주고 소통해 나가는지, 개인적인 사생활과 일 사이에서 어떻게 균형을 잡아가는지 등 인간적인 부분이 많이 담겨 있다고 하네요. 저도 아직 보지 못했지만 간호사들의 업무와 생활을 잘 묘사했다고 해서 기회가 되면 꼭 보고 싶어요.

"medicine is about the solutions to make people better. Nursing is about caring to make people better"
"의술은 사람들을 낫게 하기 위한 해결책이다. 간호는 사람들을 낫게 하기 위해 보살피는 것이다."

간호사가
되는 방법

한국은 간호사가 되려면 간호학사를 받을 수 있는 대학교 및
전문대학(4년제 교육과정)을 졸업하고 간호사 국가고시에 통과
하여 보건복지부장관에게 면허를 받아야 해요.

간호사가 되는 방법이 궁금해요.

편 간호사가 되는 방법이 궁금해요.

이 한국은 간호사가 되려면 간호학사를 받을 수 있는 대학교 및 전문대학(4년제 교육과정)을 졸업하고 간호사 국가고시에 통과하여 보건복지부 장관에게 면허를 받아야 해요. 간호사 국가시험은 한국보건의료국가시험원 주관으로 매년 1월 중에 1회 실시하고 있어요. 합격률은 평균 95~96%예요.

시험과목	기본간호학, 성인간호학, 모성간호학, 아동간호학, 지역사회간호학, 정신간호학, 간호관리학, 보건의약관계 법규
시험방법	필기시험
합격기준	전 과목 총점의 60퍼센트 이상, 매 과목 40퍼센트 이상을 득점한 자를 합격한 자로 정한다.

자료: 한국보건의료인국가시험원

편 미국에서 간호사가 되려면 어떻게 해야 되나요?

이 NCLEX-RN 면허시험에 합격하면 미국 간호사 면허를 발급받을 수 있습니다. NCLEX-RN은 미국 내에서 간호사로서 기본적인 지식과 기술, 능력을 갖추고 안전하고 효과적인 간호 수행을 위한 초보 단계의 지식, 기술을 검증하는 국가시험으로 미국 간호사 협회(the national council of State Board of Nursing, Inc)에서 개발 및 보완이 됩니다.

편 NCLEX-RN(미국 간호사 시험) 응시 자격조건은 어떻게 되나요?

이 미국 간호대학 졸업자인 내국인과 미국 Nursing Board에서 인정교육기관에서 교육을 받은 자로 자국의 간호사 면허증이 있는 외국 간호사에게만 시험을 응시할 수 있는 자격을 허가하고 있습니다. 즉, 국내의 3년제 또는 4년제 간호대학을 졸업하고, 한국 간호사 면허증을 취득한 사람은 누구나 시험에 응시할 수 있습니다.

편 그렇다면 NCLEX만 있으면 미국 간호사로 일할 수 있는 건가요?

이 NCLEX를 합격했으면 이제 영주권을 지원해 줄 고용주(스폰서)를 찾아야 합니다. 스폰서를 찾을 때는 경력이 필요한데 최소 1~2년 이상의 경력을 요구합니다. 이렇게 스폰서(에이전시 또는 병원)를 찾게 되면 이제 마지막 관문은 비자스크린을 위한 영어성적(IELTS, TOEFL, TOEIC 등)을 받아야 합니다.

* 비자스크린이란?

비자스크린(VisaScreen)이란 CGFNS에서 제공하는 서비스로서 간호사 취업이민 시 행정적으로 요구되는 영어 증빙입니다. 해당 서류는 취업이민의 가장 마지막 단계인 대사관 인터뷰 시 필요합니다.

* 비자스크린 영어 승인 기준

TOEFL IBT: overall 81 이상, reading, listening, writing 합쳐서 57점 이상, speking 24점 이상

TOEIC: writing, listening 합산 725 이상, writing 150 이상, speking 160 이상

IELTS(Aademic module) overall 6.5 이상, speaking 7 이상

편 간호학과 모집인원은 매년 증가하나요?

이 기사에 따르면 2024 전국 대학 간호학과 모집인원은 113개 대학 1만 1,067명이라고 합니다. 서울 강서대(5명 증원, 이하 팔호 안은 증원 규모), 경기 수원대(14명), 차의과학대(20명), 강원 가톨릭관동대(6명), 대전 건양대(7명), 배재대(13명) 등 39개교에서 410명이 증원되고, 모집 시기별로 수시모집에서는 9,038명(81.7%) 정시모집에서는 2,029명(18.3%)을 선발할 예정이라고 합니다.

2024 대학 간호학과 모집정원

단위 명

구분	수시				정시	합계
	학생부교과	학생부종합	논술전형	소계		
전국 112개교	6903 (62.4%)	1915 (17.3%)	220 (2.0%)	9038 (81.7%)	2029 (18.3%)	1만 1067
서울 12개교	192 (20.8%)	304 (33.0%)	78 (8.5%)	574 (62.3%)	348 (37.7%)	922 (100%)
경기·인천 12개교	335 (32.9%)	242 (23.7%)	110 (10.8%)	687 (67.4%)	332 (32.6%)	1019 (100%)
비수도권 88개교	6376 (69.9%)	1369 (15.0%)	32 (0.4%)	7777 (85.2%)	1349 (14.8%)	9126 (100%)

자료 종로학원

news1

2024 대학 간호학과 모집정원 (*증원)

대학명	입학정원	대학명	입학정원	대학명	입학정원
[서울]	12개교	[충남]	12개교	전북대	100
가톨릭대	80	공주대	64	전주대*	81
경희대	85	나사렛대	60	한일장신대	63
고려대	60	남서울대*	69	호원대*	88
삼육대	59	단국대(천안)	112	[대구]	2개교
서울대	63	백석대	140	경북대	111
성신여대	89	상명대(천안)	62	계명대*	151
연세대	73	선문대*	91	[경북]	11개교
이화여대	78	순천향대	65	경운대	170
중앙대	203	중부대	95	경일대*	147
강서대*	49	청운대	80	경주대	41
한국성서대	45	한서대	75	김천대*	132
한양대	38	호서대*	70	대구가톨릭대	125
[경기]	10개교	[충북]	9개교	대구대	129
가천대	255	꽃동네대	78	대구한의대*	112
대진대	65	건국대(글)	94	동국대(와이즈)*	119
수원대*	49	극동대	75	동양대*	102
신경대	41	세명대	100	안동대*	74
신한대	90	유원대*	74	위덕대	125
아주대	70	중원대*	119	[부산]	10개교
을지대(성남)	80	청주대*	117	경성대*	71
을지(의정부)	84	충북대	60	고신대	120
차의과학대*	80	한국교통대	58	동명대*	87
한세대	40	[광주]	7개교	동서대	90

[인천]	2개교	광주대*	203	동아대*	115
인천가톨릭대	48	광주여대*	146	동의대	110
인하대	83	남부대*	206	부경대	40
[강원]	8개교	송원대*	128	부산가톨릭대	115
가톨릭관동대	106	전남대	88	부산대	81
강릉원주대	75	조선대	80	신라대*	72
강원대(춘천)	85	호남대*	166	[울산]	1개교
강원대(삼척)	65	[전남]	6개교	울산대	99
경동대(원주)	355	동신대*	159	[경남]	7개교
상지대	60	목포가톨릭대	90	가야대*	166
연세대(미래)	50	목포대*	75	경남대	126
한림대	105	세한대*	128	경상대	110
[대전]	6개교	순천대	60	영산대	95
건양대(대전)*	168	초당대*	207	인제대*	110
대전대	85	[전북]	8개교	창신대*	115
배재대*	88	군산대	40	창원대	37
우송대	65	예수대	115	[제주 지역]	1개교
충남대	90	우석대	141	제주대	70
한남대	60	원광대*	140	〈전국〉112개교	1만1067명

자료 종로학원

2024 전문대 간호학과 모집정원(*증원)

대학명	입학정원	대학명	입학정원	대학명	입학정원
[서울 지역]	3개교	[충북 지역]	4개교	경북전문대*	180
삼육보건대	112	강동대*	116	구미대*	213
서울여자간호대	168	대원대*	164	대경대*	152
서일대	95	충북보건과학대*	114	문경대	162
[경기 지역]	12개교	충청대	150	서라벌대	60
경민대*	120	[광주 지역]	5개교	선린대	220
경복대	313	광주보건대*	143	안동과학대	216
국제대*	75	기독간호대*	122	영남외국어대	45
동남보건대*	159	동강대	181	포항대	92
두원공과대	120	서영대	163	호산대*	203
부천대	93	조선간호대	139	[부산 지역]	6개교
서정대*	140	[전남 지역]	6개교	경남정보대	123
수원과학대	118	동아보건대	95	대동대*	220
수원여자대*	191	목포과학대	156	동의과학대*	134
안산대	177	순천제일대*	84	부산과학기술대	111
여주대	106	전남과학대	199	부산보건대*	131
용인예술과학대*	90	청암대	205	부산여자대	150
[인천 지역]	2개교	한영대	73	[울산 지역]	2개교
경인여자대*	159	[전북 지역]	5개교	울산과학대*	156
인천재능대*	73	군산간호대	221	춘해보건대*	238
[강원 지역]	6개교	군장대	100	[경남 지역]	7개교
강릉영동대	159	원광보건대	193	거제대	110
강원관광대	98	전북과학대*	123	경남도립거창대	75
세경대	50	전주비전대*	116	김해대*	147
송곡대	74	[대구 지역]	6개교	동원과학기술대*	135

송호대	72	계명문화대*	137	마산대*	237
한림성심대*	134	대구과학대	230	진주보건대	254
[대전 지역]	3개교	대구보건대*	194	창원문성대	88
대전과학기술대	202	수성대*	149	[제주 지역]	2개교
대전보건대*	108	영남이공대*	179	제주관광대*	77
우송정보대학	60	영진전문대*	124	제주한라대	210
[충남 지역]	3개교	[경북 지역]	13개교	〈전국〉 전문대 85개교 1만2309명(입학정원)	
백석문화대	160	가톨릭상지대	192		
신성대	135	경북과학대	159		
혜전대	152	경북보건대*	236		

자료 종로학원

news 1

이직하는 경우도 많은가요?

편 이직하는 경우도 많은가요?

이 간호사 면허만 있다면 갈 수 있는 분야가 다양하다 보니까 상대적으로 타 직종에 비해 이직이 쉽고 활발한 편인 것 같아요. 임상(병원)에서 일하는 것 말고, 간호직 공무원, 보건교사, 연구 간호사 등 정말 다양한 분야로 이직할 수 있어요. 또 의료 관련 분야가 적성이 안 맞다면 아예 다른 직종으로 가실 수 있겠죠. 장점은 간호 관련 일이 아니라 다른 일을 하시다가도 언제든지 병원으로 돌아오실 수 있다는 점이에요. 우스갯소리로 저희끼리 간호사는 절대 굶어 죽을 일은 없다고 말하죠. 병원은 많고 간호사는 항상 부족하니까요.

미국 면허는 어떻게 취득할 수 있나요?

편 미국 면허는 어떻게 취득할 수 있나요?

이 간호 대학을 졸업하고 한국 간호사 면허를 취득하면, 미국 간호사 시험인 NCLEX-RN에 지원할 수 있어요. 응시 자격을 검증하기 위한 서류 평가가 빠르면 6개월에서 느리면 1년 까지도 걸리는데, 수강한 과목, 졸업 학교, 성적, 한국 간호사 면허 등을 확인하는 과정입니다.

1	• 뉴욕보드(NYSED) 응시원서 접수
2	• FORM 2F(학적 서류)·3F(면허 서류)의 작성, 발송을 응시자가 직접 출신 간호대학교와 보건복지부에 요청
3	• 응시원서와 FORM 2F·3F를 심사(5~6개월)
4	• ATT(Authorization To Test) 신청: 심사가 완료된 서류는 유효기간이 없으므로 시험 준비가 되면 신청 • Pearson VUE $200 결제
5	• ATT 발급 후 시험 일정 예약 • 미국령 외 피어슨센터 예약 시 시험장 이용료(International Scheduling Fee) $150~170를 추가 결제 필요
6	• 시험 응시: 여권
7	• 시험 결과 확인 • Pearson VUE 홈페이지 Quick Results($7.95 결제) 또는 뉴욕보드 홈페이지에서 결과를 확인할 수 있음

뉴욕보드 서류 진행 절차

NCLEX 시험은 컴퓨터 반응 시험인 CAT(Computerized Adap-tive Testing)를 도입하여 1:1 Test로 진행됩니다. 시험문제는 문제 은행식이며, 문항마다 점수의 가중치와 난이도가 다르고, 개인의 실력에 따라 최소 85문제에서 최대 150문제를 최대 다섯 시간 동안 풀게 됩니다. 시험 보는 도중 합격선에 도달하거나 미달하면 컴퓨터가 멈추고, 판단하지 못할 수준이면 판단할 수 있을 때까지 진행돼요. 우리나라는 입시의 나라답게 유명한 NCLEX 학원들이 있어요.

저도 NCLEX를 준비하면서 온라인 강의를 수강했는데요. 대진 운이 안 좋은 경우를 제외하고는 학원에서 도움을 받고, 간호사를 하고 있을 정도의 지식을 가지고 있으면 어렵지 않게 붙더라고요. 현재 한국 시험장은 잠정적으로 폐쇄되어 가까운 일본, 대만, 괌, 사이판에 시험 치러 많이 가십니다.

미국에서 전문 간호 인력을 계속 수용하는 거네요.

편 영주권을 받기 어렵다고 들었어요. 미국에서 전문 간호 인력을 계속 수용하는 거네요.

이 네. 그렇습니다. 특히, 코로나 이후 미국은 간호 인력 부족이 더욱 심화하여 외국인 간호사들에게 적극적으로 영주권을 주며 일자리를 제공하고 있습니다. 현재 미국 간호대학 협회(AACN)에 따르면 미국 간호사들의 평균 연령은 46세이며 이중 25%가 노령화로 향후 5년 내로 간호사를 그만두거나 은퇴할 계획인 것으로 나타났고, 이에 따라 2030년까지 1,060만 명의 신규 간호사가 필요한 것으로 전망하고 있습니다.

보고서에 따르면 2022년 5월 미국 진보 센터(Center for American Progress)는 '미국 간호사 부족을 완화하는 방법' 보고서를 발표하며, 해외 숙련된 간호사 인재에 대한 적극적인 수용이 필요하다고 언급했고, 지난 8월 시카고 선 타임스(Chicago Sun Times)도 '이민' 간호사가 현재 간호사 부족을 완화하기 위한 핵심이라고 강조했다. 이러한 상황을 반영, 최근 미국 하원에서 의료 종사자 취업 이민을 지원하기 위해 2개 법안을 발의했고, AP(Associated Press)통신은 간호사 및 전문 의료 요원에게 주어지는 영주권이 보통 14만 개인데, 올해는 두 배인 28만 개로 늘었다고 밝혔습니다. (출처: "미국, 코로나19 최전선 활약 간호사 부족 '심각'... 지난 40년 동안 '최악' ", 이권구 기자, 팜 뉴스)

따라서 이렇게 미국이 적극적으로 의료 인력에 할당된 영주권 수를 늘리며 해외 인재 수용에 적극적으로 나선 만큼 미국에 취업을 원하는 간호사들은 이 기회를 잘 잡아야 한다고 생각합니다.

미국 간호사 월급은 어떤가요?

편 미국 간호사 월급은 어떤가요?

이 미국은 아시다시피 하나의 큰 대륙이기 때문에 주마다 물가나 월급도 천지 차이랍니다. 미국 간호사 연봉 중간값은 $77,600입니다. (한화로 약 9천5백만 원) 상위 25%는 $97,580이고 하위 25%는 $61,790으로 발표되었습니다. 현재 제 연봉은 수당을 제외하고 기본급만 약 13만 불 조금 넘어요. (한화로 약 1억 7천만 원) 하지만 뉴욕은 세계에서 가장 물가가 높은 도시 중의 하나이고 세금도 매우 높기 때문에 실제 받는 돈은 다른 지역의 간호사들과 크게 다르지 않답니다. 아래 Bureau of Labor Statistics에서 시행한 통계자료를 첨부했으니 살펴보시면 이해하시는 데 더 도움이 될 것 같아요.

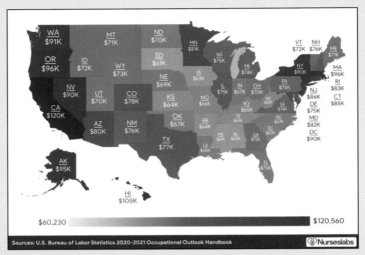

Average Nurse Salary Per State_Bureau of Labor Statistics

Source: Bureau of Labor Statistics, March 31st, 2022

청소년들에게 도움이 되는 경험을 추천해 주세요.

편 초등학생이나 청소년들에게 도움이 될 만한 다양한 경험을 추천해 주세요.

이 병원, 요양원, 호스피스, 재활원, 장애인 복지시설, 데이케어센터 등에서 자원봉사 활동을 시작해 보세요. 다양한 사람들과 협력하고 도움이 필요한 사람들과 소통하며 실질적으로 돕는 능력을 키울 수 있습니다. 또 기회가 된다면 병원이나 의료기관에서의 체험 활동을 통해 의료 분야의 실제 업무와 환경을 이해해 보세요. 의사 간호사 또는 의료 관련인들과의 인터뷰를 통해 의료팀과의 협력, 환자 돌봄에 대한 이해를 향상할 수도 있어요. 마지막으로는 일상생활 속에서 적용할 수 있는 응급처치 교육을 받아보세요. 대학 적십자 및 다양한 기관에서 청소년을 위한 응급처치 교육을 진행하고 있어요. 심폐소생술이나 상처 치료 등을 배우면 응급 상황에서 도움을 줄 수 있는 능력을 키워 볼 수 있습니다.

간호사가 되면
일어나는 일들

의료인이라면 환자의 안전을 항상 최우선시해야 합니다. 가장
대표적으로 환자의 안전을 위협하는 일은 투약 오류인 것 같아
요.

간호사로서 정말 조심해야 되는 건 뭐가 있을까요?

편 간호사로서 정말 조심해야 되는 건 뭐가 있을까요?

이 환자에게 해를 끼치지 않는 것이요. 의료윤리의 핵심 원칙 중 하나입니다. 이는 환자를 치료할 때 최선을 다해야 하며, 환자에게 더 큰 피해를 주지 말아야 한다는 원칙을 강조하는 것인데요. 의료인이라면 환자의 안전을 항상 최우선시해야 합니다. 가장 대표적으로 환자의 안전에 위협을 하는 일은 투약 오류인 것 같아요. 따라서 투약할 때는 항상 5 right의 원칙을 꼭 지켜야 합니다.

〈투약 시 5 right〉

★ 정확한 약물(right medication)

약병을 꺼내면서, 약물을 준비하기 전에, 약물을 다시 제자리에 놓을 때 라벨을 확인하는 과정을 통하여 세 번 확인하고, 같은 약물이라도 성분명, 제품명 등이 다를 수 있으므로 모르는 약명인 경우에는 반드시 확인합니다. 또한 약을 준비할 때 여러 대상자 약을 동시에 준비하지 않고 한 사람씩 준비하며 약의 유효기간을 확인하고 약품의 라벨이 불명확한 경우 투약하지 않고 약국에 확인해야 합니다.

★ 정확한 대상자(right patient)

환자의 투약 바코드와 전산 처방이 일치하고, 투약 직전 환자 팔찌와 투약 바코드가 맞는지 확인해야 합니다. 환자 확인을 할 때는 개방형 질문으로 대상자를 확인해야 합니다. 예를 들어 "이지영 님이죠?"라고 물어서 "네"라고 대답하는 질문이 아니라 이름이 어떻게 되시죠? 생년월일이 어떻게 되시죠?라고 질문해서 환자 확인을 해야 합니다.

★ 정확한 용량(right dose)

용량 결정에 영향을 미치는 요인을 확인(체중, 연령, 약물 농도, 작용 시간 등)하여 올바른 용량을 투약해야 합니다.

★ 정확한 시간(right time)

약물을 정확한 시간에 투약하며, 환자의 복용 스케줄과 약물의 효과를 고려하여 투약 타이밍을 지키도록 합니다.

★ 정확한 경로(right route)

약물을 올바른 경로로 투약합니다. 예를 들어, 약물이 경구 (PO), 정맥주사(IV), 근육주사(IM), 피하주사(SC) 등 어떤 경로로 투약 되어야 하는지를 확인합니다.

제가 지금 일하는 병원(미국)에서는 의료인들에게 개인 스마트 폰(아이폰)이 지급되는데요. 이를 통해 투약 전 환자 팔찌에 있는 바 코드를 스캔하고 투약할 약을 스캔해야 환자에게 투약할 수 있어 요. 특히 수혈을 하거나, 고위험 약물을 투약할 때는 이중 확인을 위해 담당 간호사 외에 다른 간호사의 ID와 password도 입력하게 돼 있어요. 이 모든 과정은 간호사 스테이션이나 다른 공간에서 이 뤄지는 게 아니라 투약 직전, 환자 앞에서 해야 한다는 게 핵심입니 다.

또한 환자의 안전을 위해 항상 생명윤리원칙 및 간호사의 윤 리 강령을 기반으로 대상자를 간호해야 합니다.

* 생명윤리 원칙

　의료 현장에서 발생하는 윤리적 문제를 어떻게 판단하고 해결해야 하는지에 대한 기본적인 기준을 제공하는 네 가지 원칙

　1) 자율성 존중(Respect for autonomy)의 원칙

　인간의 자율성에 대한 존중은 자신의 관점을 지속할 권리, 선택할 권리, 자신의 개인적인 신념이나 믿음에 근거하여 행동할 권리를 인정하는 것을 말한다(Beauchamp & Childress, 2009). 즉 의료진이 환자를 일방적으로 치료하는 것이 아니라 환자 스스로가 자기 일을 결정할 자율권을 지니므로 그것이 타인에게 피해를 주지 않는 이상 누구도 그 권리를 침해할 수 없고 환자의 자율적 의사에 따라야 한다.

　2) 악행 금지(Nonmaleficence)의 원칙

　'다른 사람에게 악을 행하지 말라'는 악행 금지의 원칙은 다른 사람을 도와야 하는 선행의 의무와는 구분된다(Beauchamp & Childress, 2009). 구체적으로 이 원칙은 '살인하지

말라’, ‘고통(통증)을 야기하지 말라’, ‘불구로 만들지 말라’, ‘화
내게 한지 말라’, ‘다른 이에게서의 삶의 좋은 것들을 빼앗지
말라’라는 도덕적 규범으로 표현될 수 있다.

3) 선행(Beneficence)의 원칙

선행이란 다른 사람을 이롭게 하려는 모든 종류의 행동
을 포함한다(Beauchamp & Childress, 2009). 예를 들어, 다른 사람
의 권리를 지키거나 보호하는 것, 다른 사람에게 해악이 발생
하는 것을 막는 것, 다른 사람에게 해의 원인이 되는 상황을
제거하는 것, 장애를 가진 이들을 돕는 것, 그리고 위험에 처
한 사람을 구하는 것은 도덕적 의무가 된다.

4) 정의(justice)의 원칙

정의는 공정하고, 공평하며, 적절하게 당연히 주어져야
하는 것을 말한다. 분배의 정의란 사회적 협력이라는 정당화
된 규칙에 의해 결정된 공정하고 공평하며 적절한 분배를 의
미한다.

출처: 「생명 윤리에 기초한 간호 전문직 윤리」

*한국 간호사의 윤리강령

간호의 근본이념은 인간 생명을 존중하고 인권을 지키는 것이다.

간호사의 책무는 인간 생명의 시작부터 삶과 죽음의 전 과정에서 간호 대상자의 건강을 증진하고, 질병을 예방하며, 건강을 회복하고, 고통이 경감되도록 돌보는 것이다.

간호사는 간호 대상자의 자기 결정권을 존중하고, 간호 대상자 스스로 건강을 증진하는 데 필요한 지식과 정보를 획득하여 최선의 결정을 할 수 있도록 돕는다.

이에 대한간호협회는 국민의 건강과 안녕에 이바지하는 전문직 종사자로서 간호사의 위상과 긍지를 높이고, 윤리 의식의 제고와 사회적 책무를 다하기 위하여 이 윤리 강령을 제정한다.

I. 간호사와 대상자

1. 평등한 간호 제공

간호사는 간호 대상자의 국적, 인종, 종교, 사상, 연령, 성별, 정치적·사회적·경제적 지위, 성적 지향, 질병, 장애, 문화 등의 차이와 관계없이 평등하게 간호한다.

2. 개별적 요구 존중

간호사는 간호 대상자의 관습, 신념 및 가치관에 근거한 개인적 요구를 존중하여 간호하는 데 최선을 다한다.

3. 사생활 보호 및 비밀 유지

간호사는 간호 대상자의 개인 건강 정보를 포함한 사생활을 보호하고, 비밀을 유지하며, 간호에 필요한 최소한의 정보 공유를 원칙으로 한다.

4. 알 권리 및 자기 결정권 존중

간호사는 간호의 전 과정에 간호 대상자를 참여시키며, 충분한 정보 제공과 설명으로 간호 대상자가 스스로 의사 결정을 하도록 돕는다.

5. 취약한 간호 대상자 보호

간호사는 취약한 환경에 처해 있는 간호 대상자를 보호하고 돌본다.

6. 건강 환경 구현

간호사는 건강을 위협하는 사회적 유해 환경, 재해, 생태계의 오염으로부터 간호 대상자를 보호하고, 건강한 환경을 보전·유지하는 데 적극적으로 참여한다.

7. 인간의 존엄성 보호

간호사는 첨단 의과학 기술을 포함한 생명 과학 기술의 적용을 받는 간호 대상자를 돌볼 때 인간 생명의 존엄과 가치를 인식하고 간호 대상자를 보호한다.

II. 전문인으로서 간호사의 의무

8. 간호 표준 준수

간호사는 모든 업무를 대한간호협회 간호 표준에 따라 수행하고 간호에 대한 자신의 판단과 행위에 책임을 진다.

9. 교육과 연구

간호사는 간호 수준의 향상과 근거 기반 실무를 위한 교육과 훈련에 참여하고, 간호 표준 개발 및 연구에 기여한다.

10. 정책 참여

간호사는 간호 전문직의 발전과 국민 건강 증진을 위해 간호 정책 및 관련 제도의 개선 활동에 적극적으로 참여한다.

11. 정의와 신뢰의 증진

간호사는 의료자원의 분배와 간호 활동에, 형평성과 공정성을 유지함으로써 사회의 공동선과 신뢰를 증진하는 데에 기여한다.

12. 안전을 위한 간호

간호사는 간호의 전 과정에서 간호 대상자의 안전을 우선시하며, 위험을 최소화하려는 조치를 해야 한다.

13. 건강 및 품위 유지

간호사는 자신의 건강을 보호하고 전문인으로서의 긍지와 품위를 유지한다.

III. 간호사와 협력자

14. 관계 윤리 준수

간호사는 동료 의료인이나 간호 관련 종사자와 협력하는 경우 상대를 존중과 신의로서 대하며, 간호 대상자 및 사회에 대한 윤리적 책임을 다한다.

15. 간호 대상자 보호

간호사는 동료 의료인이나 간호 관련 종사자에 의해 간호 대상자의 건강과 안전이 위협받는 경우, 간호 대상자를 보호하기 위한 적절한 조치를 한다.

16. 첨단 생명 과학 기술 협력과 경계

간호사는 첨단 생명 과학 기술을 적용한 보건 의료 연구에 협력함과 동시에, 관련 윤리적 문제에 대해 경계하고 대처한다.

출처: 병원간호사회 https://khna.or.kr/home/about/principles.php

편　미국 의료에 AI가 많이 도입되어 있네요.

이　네. AI 강국이라 의료에도 굉장히 많이 도입되어 있어요. 한국 같은 경우 어떤 새로운 기술이 나왔을 때, 병원까지 도입되는데 시간이 조금 걸리는데요.

미국은 우리나라처럼 정부에서 지원하는 건강보험이 아니라, 사보험으로 운영되기 때문에 자본력이 훨씬 커 새로운 기술이나 장비 도입이 빠른 것 같습니다. 며칠 전에는 병원에서 환자들 식사를 배달하는 로봇과 같이 엘리베이터를 탔어요. 알아서 장애물을 피하고, 경사가 있는 부분을 잘 조정해서 가는 걸 보고 다시 한번 기술의 발전이 놀랍다 생각했죠.

간호사로서 숙련되는 데 얼마나 걸릴까요?

편 간호사로서 숙련되는 데 시간은 얼마나 걸릴까요?

이 부서마다 조금 차이가 있는데, 반복적인 업무는 6개월에서 1년이면 적응이 되는 것 같습니다. 특수 부서인 경우에는 조금 더 걸리기도 하고요. 제가 근무했던 병원의 응급실에서는 공식적 트레이닝 기간이 3개월이지만 중환자 구역부터 경환자 구역까지 모두 경험하는데 약 1년 정도 소요되었습니다. 수술실도 모든 과(ex. 흉부외과, 유방외과, 안과, 성형외과 등)를 다 경험하는데 약 1년 정도 걸린다고 들었어요. 일반적으로는 2~3년 되면 그 병동에서 실질적 업무를 잘하는 수준까지 오는 것 같아요. 보통 가장 활발한 연차라고 말하죠.

승진 체계가 있나요?

편 그럼 간호사는 진급이 어떻게 되나요? 승진 체계가 있나요?

이 병원마다 명칭이나 체계가 조금씩 다르긴 한데요. 제가 일했던 병원 같은 경우에는 직책과 직급이 나뉘어 있었어요. 직책은 일반 간호사, 책임 간호사, 유닛 매니저, 팀장, 간호부원장이고, 직급은 일반 회사처럼 주임, 대리, 과장, 차장 등으로 나뉘어져 있어요. 예를 들면 같은 책임 간호사라도 대리일 수도 있고 과장일 수도 있어요. 그러니까 직책과 직급 별개로 관리되는 거죠.

승진하기 위해서는 진급시험과 함께 동료 평가, 상급자 평가 등을 받게 되고, 성과를 내기 위해 노력해야 합니다. 환자를 돌보는 간호 업무 외에 QI(Quality Improvement) 활동, 논문 발표, 업무 개선 활동 등을 통해 성과를 평가받게 됩니다.

---

*QI(Quality Improvement) 활동: 간호사들이 시행하고 있는 간호 업무를 업무 표준과 규정에 따라 평가함으로써 간호 업무의 표준화 및 환자 안전을 도모하고 궁극적으로는 환자 중심의 양질의 간호를 제공하기 위해 시행하고 있습니다.

급여 체계는 어떻게 되나요?

편 급여 체계는 어떻게 되나요? 연봉제인가요?

이 연차에 따라 오르는 호봉제에요. 거기에 보직을 더 맡고 있으면 그에 따른 수당이 더 나오고요.

편 그럼, 간호사들끼리 크게 급여 차이가 나지 않겠네요.

이 네. 연차별로의 차이는 크지 않은 것 같아요. 하지만 일반 간호사에서 주임, 대리, 과장, 차장, 부장으로 승진할수록 월급은 당연히 오릅니다.

편 초봉은 어느 정도 되나요?

이 빅 5(서울아산병원, 삼성서울병원, 신촌세브란스병원, 서울성모병원, 서울대병원) 기준으로 지금은 4천만 원 중반에서 5천만 원 초반대라고 알고 있습니다.

휴가나 복지제도는 어떤가요?

편 그럼, 휴가나 복지제도는 어떤가요?

이 제가 큰 병원 5곳은 자료를 받았어요. 대학병원은 잘 모르겠지만, 아산병원이나 삼성병원 같은 경우에는 그 기업에 준하는 복지제도가 비슷하게 적용되더라고요.

　　삼성서울병원 같은 경우는 올려놓은 자료를 보니까 신입 간호사 중 지방에 연고지가 있는 간호사들은 입사 후 2년까지 기숙사 사용이 가능하고요. 직원 자녀 어린이집 운영, 진료비 감면, 의료비 지원, 임직원 단체 정기보험 지원, 직원 통근버스 및 셔틀버스 운행, 콘도 및 하계 휴양소, 경조금, 경조 휴가, 결혼, 자녀 학자금 지원, 주거 안정 자금 지원, 자녀 출산 및 초교 입학 선물 지원, 직원 만족센터 운영, 직원 테마 여행 지원, 통합 교육 시스템 지원, 원내 35개 동호회 지원, 원내 헬스 골프장 릴랙스 룸 안마 운영 등이라고 나와 있어요.

정년과 노후 대책은 어떻게 되나요?

편 정년과 노후 대책은 어떻게 되나요?

이 대학병원 같은 경우는 만 60세까지라고 알고 있어요. 퇴직 후 대학병원(ex 서울성모병원, 이대목동병원 등)에서 일한 경우에는 사학연금을, 일반 병원(ex 삼성서울병원, 서울아산병원 등)에서 일한 경우는 국민연금을 받게 됩니다.

편 정년이 되어도 요양병원 쪽으로 자리를 옮겨서 계속 일하는 분들도 있던데요.

이 요양병원은 보통 정년이 없기 때문에 체력과 건강이 받쳐준다면 계속 일할 수 있습니다. 또한, 대학병원에서 정년퇴직 후 관리자로 가시는 경우도 종종 있습니다.

편 병원에 할머니 간호사들이 계세요?

이 한국에서 근무할 때는 없었죠. 50대만 돼도 관리자가 아닌 일반 간호사로 일하는 경우는 거의 없었어요. 미국은 많아요. 은퇴 나이가 정해져 있지 않고, 자기가 일하고 싶을 때까지 일할 수 있거든요. 미국 병원은 40세, 50세에도 신규로 들어올 수 있어요. 또 미국은 존댓말이 없고 이름을 부르는 수평적 문화이다 보니, 저보다 나이 많은 분과 일할 때도 불편함을 전혀 느끼지 못했어요.

예전에 모 항공사에서 큰 사고가 난 후에 조종석에서는 한국어 대신 영어만 쓴다고 들었어요. 언어가 주는 힘은 커서 같은 한국인이라도 영어를 사용한다면, 위계질서나 서열 문화와 상관없이 자유롭게 자기 의견을 피력하기 쉽죠. 아무튼 같은 맥락에서 미국은 일반 간호사로 실무에서 일하고 있는 간호사면 다 같은 간호사예요. 3년 차든 10년 차든 크게 상관이 없죠. 선배에게 경험에서 나오는 연륜이나 지혜에 대한 도움을 요청할 수 있고, 서로 힘들 때 돕고 협력할 수 있지만, 무조건적으로 선배의 말이라 또는 연장자의 말이라 따라야 하는 문화는 없어요.

간호사 이지영의
V-Log

모니터 세팅하는 모습

응급실 구역에서 차팅하는 모습

응급카트 약물
카운트하는 모습

응급실 동기들과 함께

* 삼성서울병원 외래 PA

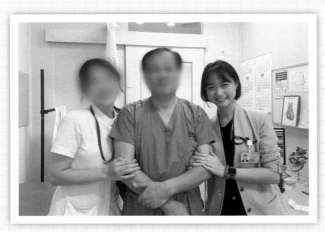

외래 간호사 선생님(왼쪽), 흉부외과 교수님(중간)과 함께
외래진료실에서 찰칵

* 2022 morningside dialysis center

환자 투석일지 작성 중

널싱 스테이션

투석 종료하러 가는 모습

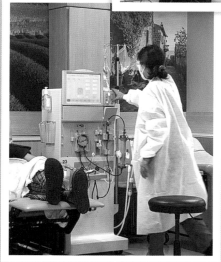

투석 팀원들과 다 같이 한 컷

투약 준비하는 모습

가정 애정했던 동료 Greg와 Marisse와 함께

* 2023 NewYork-Presbyterian Weill Cornell Medical Center

아름다운 병원 전경

출근하기 전 셀카 찍기

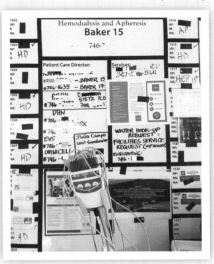

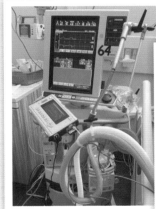

Ventilator(인공호흡기)

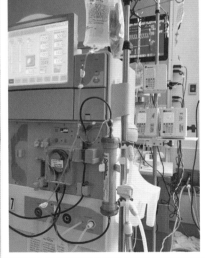

투석 진행하며 실시간 활력징후 및
투약 모니터링 중

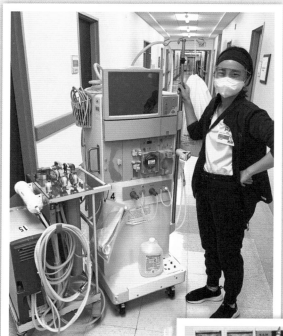

ICU 다녀오는 길, 혼자 투석 기계와 RO 기계를 끌고 다녀야 돼서 체력은 필수!

Magnet 인증 병원 표시

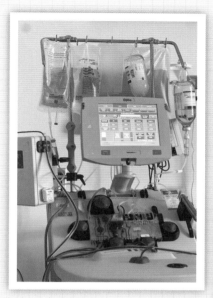

혈장교환술(Therapeutic plasma exchange)

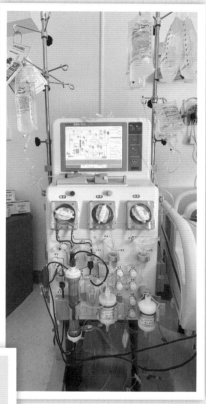

LDL apheresis

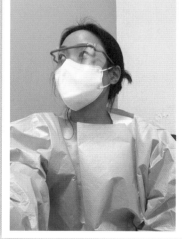

감염 관리를 위해 항상 보호안경과
가운, 마스크, 장갑을 착용 중

* 2023 New York-Presbyterian Weill Cornell Medical Center

소아 투석 트레이닝 받는 중

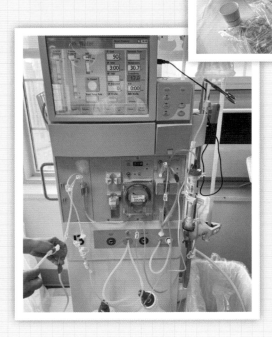

투석하기 전
환자 차트 리뷰하는 중

투석을 위해
필요한 물품 챙기는 중

hepatitis B 관리를 위한 규정

간호사 이지영의
세계

미국은 간호사로서 할 수 있는 일이 훨씬 다양하고 기회가 많아요. 미국은 전문 간호사가 되면 의사처럼 처방도 할 수 있고, 본인 클리닉도 오픈할 수 있어요.

간호사라는 진로를 언제 정하신 거예요?

편 간호사라는 진로를 언제 정하신 거예요?

이 고등학교 3학년 때요. 그전까지는 한 번도 간호사를 생각해 본 적은 없었는데, 부모님이 간호학과를 지원하길 원하셨어요. 그때만 해도 사실 아무 생각이 없었죠. 당시 저는 인권변호사가 되고 싶어서 법대에 지원했었거든요. 결과적으로 두 곳 모두 붙었지만, 부모님께서 만약 사람들을 도와주는 일을 진로로 정하고 싶으면, 법대에 가는 것보다 간호사가 돼보는 건 어떠냐고 제안하셨어요. 또 그 시기가 사법고시를 폐지하고, 로스쿨로 전환되던 때여서 간호사가 된 후에 의료분야의 전문성을 살려서 로스쿨에 다시 가는 방법도 있다고 알려주셨죠. 그렇게 여러 가지 가능성을 염두에 두고 간호학과를 진학하게 되었는데, 처음에는 저와 맞지 않아서 좀 고생했어요.

저는 문과였는데, 간호학과에 입학해서 1학년 때는 생화학, 생리학, 미생물학 같은 이과의 기초 과목을 배우기 때문에 재미도 없고, 이해하기도 어려웠어요. 해부학은 어찌나 외울 게 많던지, 거기다가 매시간 쪽지 시험을 봐서 마치 고등학생으로 다시 돌아온 느낌이었죠. 제가 꿈꾸던 대학 생활은 확실히 아니었어요. 수강 신청하는 로망도 없었어요. 다른 학과와 달리 간호학과는 강의 시간표가 정해져서 나오고, 저희가 강의실을 옮겨 다니는 게 아니라 같은 교실에 있으면 교수님들이 시간표에 맞게 들어오셨거든요.

제가 학교 다닐 때는 대부분 학점에 따라 큰 병원에 갈 수 있는 확률이 높았어요. 흔히 빅 5라고 불리는 병원(서울아산병원, 서울삼성병원, 서울대병원, 세브란스병원, 서울성모병원 등)에 가기 위해서는 상위 10% 안에는 들어가야 안정적이었죠. 그래서 1학년 때부터 학점 관리를 신경 써야 했고, 공부를 대충 하는 친구들이 없었어요. 도서관에 가면 대부분 간호학과 학생일 정도로 다들 정말 열심히 했어요.

그렇게 3학년이 되면, 드디어 병원으로 실습을 나가게 되는데요. 학교마다 조금 다르긴 한데, 저희 학교는 2주는 병원 실습, 2주는 전공수업을 번갈아 했죠. 병원 실습을 나가기 때문에 2주 동안 한 달 치 수업을 몰아들어야 해서 아침 9시부터 저녁 7시까지 수업을 들었어요. 또 병원에 실습을 나가면 매주 콘퍼런스와 실기평가가 있었고, 중간고사 기말고사 외에도 수시로 시험이 있었죠.

편 정말 쉬운 길은 아니네요.

이 대신 그 과정을 버티고 나면 나면 국가고시가 어렵지 않을 거예요. 합격률이 95~96%니까 천재지변이 일어났거나, 마킹 실수를 하지 않으면 거의 합격해요. 저는 대학 다닐 때 전공 공부가 정말 적성에 맞지 않았지만, 그래도 그 안에서도 나름 재미를 찾으려고 노력했던 것 같아요. 오케스트라 동아리도 만들어서 호스피스 봉사활동이나 대외 활동도 해보고, 다양한 경험을 하려고 했었죠. 그런 부분이 힘들었던 간호학과 생활에 숨통을 트이게 해주는 역할을 했던 것 같아요.

편 오케스트라에서 어떤 악기를 다루셨어요?

이 저는 플루트였어요. 악기를 다룰 수 있는 친구들이 모여서 했고요. 연주 봉사 후에는 간호 봉사도 같이했어요. 구체적으로 어떤 활동을 했는지는 제 자기소개서를 첨부할게요.

'함께할 때 아름다운 힐링 오케스트라'

음악과 간호를 통해 대상자의 신체뿐만 아니라 정서까지 치유하기 위해 2011년 간호학과 전공 동아리인 '힐링 오케스트라'를 창단하여 동아리 대표와 플루트 파트장을 겸임하였습니다. 오케스트라는 아름다운 화음을 위해 단원들의 모든 소리가 '조화'를 이루어야 합니다. 이 점은 제가 앞으로 종사할 간호 업무와 매우 일치한다고 생각합니다.

전공 동아리 초창기에 정체성 확립과 아마추어라는 한계 때문에 조직이 와해될 위기에 처했을 때 대표로서 가장 먼저 한 일은 팀워크를 강화하는 것이었습니다. 정기적 회의를 통해 함께 각자 역할을 분담하여 주도적으로 끌어나갈 기회를 단원들에게 부여하고, 강한 책임감을 바탕으로 단원 개개인을 만나 설득하고 동기를 부여하는 데 힘썼습니다. 연습 시간 외에도 오케스트라 연주회 관람, 여행 등과 같은 취미활동 공유라는 활동을 통해 공동체 의식을 함양하고 팀원의 사기를 충천하여 열정적으로 연습에 임할 수 있도록 기반을 마련하였습니다. 이러한 노력의 결과 서로를 존중하고, 협력하여 끊임없이 함께 성장하였고, 현재는 나이팅게일 선서식 축주와 교내 특별연주회, 사회복지 시설에서 연 12회 이상 정기적으로 연주를 하고 있습니다.

그뿐만 아니라 3년간 지역 내 노인복지센터와 샘물 호스피스

병원에서 음악을 통한 지속적인 간호 봉사를 수행하고 있습니다. 음악을 통한 치유뿐만 아니라 봉사의 전문성을 더하기 위해서 단원 모두가 체계적인 호스피스 교육과정과 손 마사지 과정에 참여하여 자격증을 취득하였습니다. 이러한 노력을 통해 환우들의 일상생활 보조뿐만 아니라, 좀 더 적극적인 봉사활동으로 친밀한 관계를 맺고, 정서적 교류를 할 수 있었습니다. 이러한 활동들을 통해 한국 대학사회봉사협의회에서 주관한 '사람, 사랑봉사단의 프로젝트'에 선정되어 2013년 봉사 프로젝트 우수상을 수여받게 되었습니다.

3년간의 힐링 오케스트라 활동을 통해 상호 배려를 바탕으로 '나보다 우리'가 함께 할 때의 시너지 효과를 몸소 체험하며 협동의 중요성을 배울 수 있었습니다. 이는 서울아산병원이 핵심 가치로 여기는 '공동체 중심 사고'와 매우 일치하기 때문에, 병원과 간호본부에서 추구하는 핵심 가치를 실현하고 더불어 성장하는 데 기여하는 구성원이 될 수 있다고 생각합니다.

- 서울아산병원 자기소개서 중 발췌 -

미국 간호사가 된 계기가 있을까요?

편 한국의 대형병원에 있다가 지금은 미국에서 하고 계시는데요, 옮기게 된 계기나 이유가 있을까요?

이 아무래도 연봉도 높고 워라벨이나 처우가 좋다는 얘기를 들어서 준비하게 됐어요. 휴가나 병가를 쓰는 게 자유롭고 눈치 볼 필요가 없죠. 간호사 한 명이 보는 환자의 수도 적고요. 또 우리나라는 간호사뿐 아니라 대부분 직업이 그렇지만, 겸직이 금지되어 있어 다른 일을 병행할 수 없어요. 미국은 그런 부분이 자유로워서 본인의 체력이 허락하는 한 투잡, 쓰리잡을 뛰면서 경제적 자유를 추구할 수도 있답니다. 또한, 한국에 비해 간호사의 사회적 평판이 높고, 수평적인 직장문화도 장점이라고 할 수 있어요.

그리고 간호사로서 할 수 있는 일이 훨씬 다양하고 기회가 많아요. 미국은 전문 간호사Nurse Practitioner가 되면 의사처럼 처방도 할 수 있고, 본인 클리닉도 오픈할 수 있어요. 우리나라도 분야별 전문 간호사 제도가 있지만(보건, 마취, 가정, 정신, 응급, 산업, 노인, 호스피스, 감염관리, 종양, 중환자, 아동, 임상) 전문 간호사 업무가 법제화되어 있지 않아 아직 실무 범위가 제한적이에요.

커리어적인 부분 이외에도 개인적으로 여행을 워낙 좋아해서 영어를 잘하고 싶은 열망도 있었어요. 처음에는 미국에 일단 가면 자연스럽게 귀도 트이고, 영어를 잘할 수 있을 것 같았는데, 막상 그렇지 않더라고요. 대단한 착각이었죠. 전공 분야는 기존의 지식을 바탕으로 일하는 데 크게 무리는 없지만, 오히려 생활 영어는 적극적으로 노력하지 않으면 늘지 않더라고요. 제 영원한 숙제가 될 것 같아요.

전망대에서 바라보는 뉴욕 전경

아픈 사람들을 대하는 게 힘들지 않나요?

편 아픈 사람들을 대하는 게 힘들지 않으세요? 에너지가 많이 필요할 것 같아요.

이 신규 간호사 시절에는 질병에 대한 전반적인 이해도 낮고, 오더를 수행하기 바쁘기 때문에 환자를 어떻게 대해야 할지 잘 몰랐어요. 그래서 조금 힘들었죠. 그러다 경력이 쌓이고 질병에 대한 이해도가 높아지면서 환자들을 대하는 게 점점 수월해지고 적응이 되었어요. 어떤 질병이 어떤 방법으로 치료되고 어떤 경과를 거치는지 알기 때문에 환자들에게 설명하기도 쉽고 여러 간호 기술이 익숙해지면서 자신감이 생겼죠. 그런데 간호사로서 해줄 수 있는 게 없는 상황에서는 아직도 힘들어요. 예를 들어 암이지만 초기나 치료가 가능한 단계인 환자분들께는 수술, 방사선 치료, 항암 치료 등과 같은 적극적 치료를 받으면 좋아질 거라고 말할 수 있고, 희망을 계속 줄 수 있지만 말기 암이거나 불치병으로 투병하는 환자분께는 무엇을 해드려야 조금이라도 위로가 될지 항상 고민되죠.

주변에 힘이 되는 사람이 있나요?

편 주변에 힘이 되는 사람이 있나요?

이 같은 부서에서 일하는 동료들이죠. 환자를 볼 때, 어떻게 대처해야 할지 모르는 상황이 오더라도 내가 믿는 동료들이 같이 있다는 게 안정감을 줘요. 내가 잘 모르더라도 언제나 부르면 나를 위해 뛰어와 줄 수 있는 동료들이 있으니까 내가 할 수 있는 만큼 최선을 다해보자는 마음이 생기죠. 특히 미국 병원은 서로 도와주고 격려하는 분위기가 강해요. 팀워크도 굉장히 강조하고요.

동료들도 매우 긍정적이에요. 미국에서 제가 일하는 병원 캠페인 문구가 "Stay Amazing"인데요. 한국어로 번역하면 '놀라운(멋진) 상태를 유지하라'라는 뜻이에요. 이 표현은 다른 사람에게 긍정적인 에너지를 주고 자신을 격려하거나 다른 사람을 격려할 때 사용할 수 있는 인사말인데, 동료들끼리도 항상 Stay Amazing이라는 말을 자주 하곤 해요.

이 직업을 통해 바뀐 점은 무엇인가요?

편 간호사가 되고 자신의 어떤 부분이 바뀌었나요?

이 사람들에 대한 이해의 폭이 넓어졌어요. 예전에는 나와 맞지 않는 사람들을 만나면, 그냥 이상한 사람이라고 치부하고 더 이상 생각하지 않았는데요. 지금은 왜 그런 행동을 하는지, 이유가 뭔지, 내가 도움이 될 수 있는지 생각해 보게 돼요. 그래서 어떤 일이 닥쳐도 당황하기보다 그럴 수 있다고 생각하면서 의연하게 잘 넘기는 것 같아요.

또 죽음을 앞둔 시한부 환자분들을 통해서 삶의 자세가 바뀐 것 같아요. 누구라도 언제든지 사고, 천재지변, 질병 등으로 당장 내일 죽을 수도 있지만 우린 그걸 자주 망각하고 살아가죠. 그래서 저는 내일 당장 죽더라도 잘 살았다고 할 만큼, 오늘을 행복하고 가치 있게 열심히 살자는 마음을 갖게 됐어요. 욜로가 아니라 웰빙(well-being), 후회 없고 행복하게 살았다고 말할 수 있는 삶을 살아야 하는 것 같아요.

맨해튼 거리에서

앞으로 계획이 어떻게 되나요?

편 선생님 꿈은 뭐예요? 앞으로 계획이 어떻게 되나요?

이 예전에는 직업적으로 크게 이름을 알리고 인정받는 삶을 살고 싶었던 적도 있었는데요. 오직 그걸 위해서 달려가는 제 모습이 행복하지 않더라고요. 그리고 저는 이미 많은 꿈을 이뤘어요. 대학 때는 아산병원 간호사가 되는 게 꿈이었고, 그다음에는 미국 간호사가 되는 게 꿈이었죠. 그래서 요즘은 진짜 건강하고 행복한 삶을 살기 위해 내가 무엇을 할 수 있을까 고민하고 있어요.

뉴욕 전망대 SUMMIT에서

이 책을
마치며

긴 시간의 인터뷰를 마무리할 시간이에요. 책 한 권을 마무리하는 소감이 어떠신가요?

이 책을 쓰는 과정은 조금 힘들었지만, 제 직업에 관해 이야기할 기회를 가질 수 있어 의미 있는 시간이었어요. 그리고 청소년들이 읽는다고 생각하니까 글 한 줄 한 줄에 책임감이 느껴져서 솔직하게 쓰기가 어렵더라고요. 최대한 객관적인 정보를 주고, 정제하려고 노력했어요. 또, 제가 간호사에 대해 많이 안다고 생각했는데 모르는 부분이 정말 많아서 책을 쓰면서 자료조사도 하고 전공책도 다시 꺼내보면서 새로 알게 된 사실이 많아요. 나이팅게일 선서문도 오랜만에 읽어보니 감회가 새롭더라고요. 이 책을 통해 청소년들이 간호사라는 직업에 대해 이해하는 좋은 기회가 됐기를 바랍니다.

편 이 책을 읽는 청소년, 그리고 진로 직업에 대해 고민하는 많은 사람이 어떤 직업인이 되기를 바라나요?

이 이 책을 통해 저의 경험을 공유하면서 청소년들이 자신의 꿈을 실현하고 행복한 직업을 찾을 수 있기를 희망해요. 또한, 모든 직업에는 고유한 장점과 어려움이 같이 있음을 알았으면 좋겠어요. 아무쪼록 자기 열정과 관심을 토대로 진로를 선택하고 노력하면 좋은 결과를 얻을 수 있을 거로 생각해요.

편 선생님과 인터뷰하면서 우리나라를 넘어 미국 간호사 직업에 대해 조금이나마 알 수 있어서 유익한 시간이었어요. 외국에서 일하기를 희망하는 사람들이 노력해야 할 점과 주의해야 할 점은 뭐가 있나요?

이 자기 전공 분야에 대한 전문성과 기술, 그리고 언어 능력을 위해 항상 노력해야 해요. 자기 의사를 확실히 표현할 수 있어야 하며, 자신의 목소리를 가져야 하고요. 또한, 문화적인 차이와 생활 환경 변화에 적응하기 위해 항상 열린 마음과 넓은 시야로 세상을 바라봐야 하죠. 그리고 긍정적인 마음가짐이 제일 중요한 것 같아요.

편 청소년 여러분, 면허 하나로 전 세계 어디에서나 일할 수 있고, 의료 현장에서 의료기술과 돌봄의 양면을 갖춘 전문가, 간호사의 직업 세계가 어떠셨나요? 저는 간호사라는 직업이 너무 고되고 힘들 거라고만 생각했는데, 제가 만나본 이지영 간호사 선생님은 그동안 만난 그 어떤 직업인보다도 명랑하고 에너지 넘치는 멋진 분이었어요. 그리고 의료 현장의 긴박함과 사람의 마음이 느껴지는 다양한 돌봄 활동이 눈앞에 보이는 것처럼 생생하게 느껴졌고요. 여러분은 어떤 생각을 하셨나요? 여러분도 간호사 직업을 통해 전 세계에 더욱 가깝게 다가가고, 고령화 사회로 접어든 우리나라의 미래와 여러분의 인생에 대해 깊이 생각하는 시간이 되었기를 바랍니다. 이 세상의 모든 직업이 여러분을 차별하지 않고 모든 문을 활짝 열 수 있도록 잡프러포즈 시리즈는 부지런히 달려갑니다. 다음 편에서 뵙겠습니다! 감사합니다.

맨해튼으로 향하는 페리

Job
Propose

나도
간호사

1. 건강 캠페인 동영상 제작하기

만성질환(고혈압, 당뇨병, 이상지질혈증)에 대해 조사하고, 예방하기 위한 동영상을 제작해 보세요. 각자 질환을 한 개씩 맡고, 각 질환의 정의, 원인, 예방하려는 방법에 관해 설명하는 동영상을 찍어보세요.

만약 오늘이 내 삶의 마지막 날이라면 여러분의 마음은 어떨까요? 진지하게 내 삶을 되돌아보는 유서를 써보고, 투병 또는 사고로 죽음을 눈앞에 둔 환우들의 마음을 헤아려 보세요.

3. 내 주변의 의료인 또는 의료 관련인을 찾아보세요.

그분들의 직업과 하는 일에 대해 자료를 찾아보거나 만나서 인터뷰를 해보고, 자기 생각을 정리해 보세요.

4. 봉사활동 체험

요양(병)원, 장애인 복지시설, 호스피스, 데이케어센터 등은 봉사자를 항시 모집해요. 직접 봉사활동을 해보고 자신이 어떤 역할을 했는지, 그 역할을 하면서 어떤 생각이 들었는지 적어보세요.

청소년들의 진로와 직업 탐색을 위한
잡프러포즈 시리즈 68

전 세계에서 환영받는
전문 직업

간호사

2024년 2월 16일 초판1쇄

지은이 | 이지영
펴낸이 | 유윤선
펴낸곳 | 토크쇼

편집인 | 김수진
교정 교열 | 박지영
표지디자인 | 이희우
본문디자인 | 스튜디오제리
마케팅 | 김민영

출판등록 | 2016년 7월 21일 제2019-000113호
주소 | 서울시 마포구 월드컵북로98, 2층 202호
전화 | 070-4200-0327
팩스 | 070-7966-9327
전자우편 | myys237@gmail.com
ISBN | 979-11-92842-73-8(43190)
정가 | 15,000원